优质教育看父母
做孩子成长的基石和明灯

李秀明　著

北方妇女儿童出版社
·长春·

图书在版编目（CIP）数据

优质教育看父母：做孩子成长的基石和明灯 / 李秀
明著 . – 长春：北方妇女儿童出版社，2025.5.

ISBN 978-7-5585-8843-3

I. G78

中国国家版本馆 CIP 数据核字第 2024FG6466 号

优质教育看父母：做孩子成长的基石和明灯

YOUZHI JIAOYU KAN FUMU ZUO HAIZI CHENGZHANG DE JISHI HE MINGDENG

出 版 人	师晓晖	
责任编辑	张晓锋	
装帧设计	马　佳	
开　　本	710mm × 1000mm　1/16	
印　　张	11.5	
字　　数	172 千字	
版　　次	2025 年 5 月第 1 版	
印　　次	2025 年 5 月第 1 次印刷	
印　　刷	三河市龙大印装有限公司	
出　　版	北方妇女儿童出版社	
发　　行	北方妇女儿童出版社	
地　　址	长春市福祉大路 5788 号	
电　　话	总编办：0431-81629600	

定　　价　　69.80 元

　　著名教育学家苏霍姆林斯基把儿童比作一块大理石，他是这样说的："把这块大理石塑造成一座雕像需要六位雕塑家：一是家庭；二是学校；三是儿童所在的集体；四是儿童本人；五是书籍；六是偶然出现的因素。"在这位教育学家心中，家庭对孩子成长的影响被列在首位，其重要性可见一斑。

　　家庭教育是孩子成长的基础和根本，它被称为"培根教育"。要知道，孩子80%的坏习惯都是在家里养成的。所以，如果父母不清楚家庭教育的重要性，不知道哪些行为需要及时纠正，是不利于孩子成长的。

　　作者察觉到，一些家长自身就存在不利于孩子成长的错误行为而不自知，最终导致孩子接受错误的教育，这让作者感到很痛心。有些影响一旦形成，会给孩子留下一辈子都难以磨灭的印记。然而，家长宁可把孩子送到形形色色的培训机构，去接受所谓的学习，也不愿意自己主动学习养育孩子的科学知识。孩子在一天天地成长，环境在一天天地改变，家长却还是原来的家长。所以，作者希望通过对家庭教育案例的分享和剖析，让家长知道，家庭教育不是顺其自然，更不是传统家庭教育的简单延续，而是需要学习和反思。尽管作者本人也只是小城市里相关领域内的基层人员，但仍然希望和所有的父母一起，探究孩子的内心世界，用心呵护孩子的成长。

　　教育的方法和技巧只是孩子成才的冰山一角。说到底，孩子的教育，拼的是父母的处世态度和人生感悟。

染于苍则苍，染于黄则黄。成功的家庭教育造就优秀的孩子，失败的家教造就所谓的"熊孩子"。很多人明白这个道理，却不知道怎么做出改变。

没有谁天生就是成功的父母，育儿路其实也是父母的修行之路。

没有谁天生就是成功的父母，成功的父母只是善于学习，注重自我成长。

没有谁天生就是成功的父母，但是已经觉醒的父母始终走在前面。

推动摇篮的手就是推动世界的手。做父母是一个终身学习、终身修养的过程。父母在养育孩子的过程中，应及时发现自己的缺点和不足，从而为孩子的健康成长发挥积极作用。

本书通过四十余篇文章，为您解读孩子成长过程中的心理问题，探究科学育儿的方法，希望与您做科学育儿路上的同路人，为孩子的身心成长、习惯养成、个性发展发挥积极的作用。

目　录

第一篇　为人父母是一场终身的修行

父母的高度就是孩子的起点

一大早，我便看到姐姐在微信朋友圈发布消息，说她做编剧的网络大电影已经完成拍摄，明年即将上映。我心里不由得感叹，姐姐真厉害！这份惊喜中有自豪，也有深深的羡慕。

惊喜过后，我继续投入忙碌的工作中。直到此时，没来由地在内心深处涌起一阵悲哀。姐姐在北京成功地实现了自己的梦想，我却待在这座三线城市里每日为房贷、车贷和孩子的奶粉钱而奔波……人和人之间的差距怎么就这么大呢？

小时候，伯父在市里工作，伯母在村里的小学教书。当时，姐姐和伯母住在村里，伯父平时都住在单位宿舍，只有周末才回村子。我和姐姐在吃喝用度方面都是一样的，我们一起玩耍，一起学习，学习成绩也差不多，见识的世界一样大。那时，我们之间的差距微乎其微，甚至可以忽略不计。

后来，伯母通过自己的努力调到市里的小学去教书，姐姐也随之到市里上学。而我，依旧在村里的小学读书。

到了高考时，我们之间的差距就十分明显了，不光体现在学习成绩上，更体现在选择上。姐姐虽然成绩不算特别优异，但她知道有些院校会有和艺术类相关的专业提前招生，便选择了一所二本大学的编导专业。而我甚至都不知道有这种选择的存在，在学习成绩不够突出的情况下，只好选择退而求其次，进入一所专科院校。

后来，她留在北京写剧本，我留在三线城市的老家做文案。后来，她的剧本一集卖到几万元，我每个月的薪水只有几千元。再后来，她嫁了一个经营公司的老公，我嫁了一个和我同样是公司职员的老公。现在，她创作的剧本要上映了，而我则是每时每刻都在为生计奔波劳碌着。差距，就这样一点点地被拉大……

父母把我们养大已是天大的恩情，我们不能去责怪父母为什么没有办法给我们提供锦衣玉食的生活。但必须承认一个事实：**父母的高度就是孩子的起点，父母的眼界左右着孩子的格局。**

父母的高度和眼界决定了孩子生活的环境、接受的教育、结交的朋友，自然也能间接地影响他们所能达到的高度。

我曾经无数次想过，我终其一生的奋斗终点，会不会只是别人的起点？那我的奋斗又有什么意义呢？最终，我找到了答案。

和优秀的人进行比较，是为了认识父母的格局和眼界的重要性，但不能因此而沉浸在挫败感中，更没有必要产生自我怀疑的负面情绪。

人和人之间的差距不是为了让我们沉浸在失败之中，而是要正确认识距离有多远，且应该如何积极缩短距离。我们越努力，为人父母后，孩子就越能进一步缩短距离。这才是真正的意义。

这个世界是承认努力的，量变最终也会发生质变。只要我们努力，就可以从我们这一代开始改善。只要付出行动，任何时候都不晚。

所以尽管沮丧，我们却不能停止前行的脚步。如果满足于现状而不去奋斗，我的孩子将继续仰望别人。如果我们多努力一点儿，就能够让孩子看到更多的风景，给孩子更多的选择空间，那么，他的人生就可以有不一样的作为。

眼界和格局决定孩子能走多远，而家长就是他的起点。

作为家长，如果能再努力一点儿，让孩子的起点高一点儿，那孩子离梦想的距离就不会那么遥不可及。

我们不必内疚自己无法给孩子提供最好的成长环境，很多事情是无法改变的，所以内疚无益。只要我们都在为美好的明天而努力着，为给孩子提供更好的成长平台而努力提升自己。这就是对孩子最好的爱。

有的读者可能会疑惑，甚至提出质疑：我觉得你说得不对。某企业家就出生在一个普通的农户家庭，从小家境并不富裕，父亲是一名船夫，母亲是面朝黄土背朝天的农妇，但他凭借自己的本事成为成功的企业家。他的父母和我们的父母有什么区别吗？这不是和作者的说法有出入吗？

首先，这种事情发生的概率太低了。正是由于概率太低，一个经济不甚发达的农村出了一个成功的企业家才会引起轰动，成为全村老少茶余饭后津津乐道的话题，是长辈教育孩子的模板，是所有农村孩子的榜样。

其次，尽管这位企业家的父母只是普通的船夫和农民，但其他方面肯定有过人之处，尤其是在性格培养方面，这些意志品质都是企业家成功必须具备的素质。对普通人而言同样如此，比如有的父母饭后喜欢给孩子讲故事，讲自己的所见所闻，让孩子对写作产生兴趣；有的父母喜欢带着孩子去逛街、逛集市，让孩子从小就能接触做生意的小窍门；有的家长不善言辞，但性格坚忍，培养出孩子不服输的品质……这些影响是潜移默化的，润物无声般地全方位影响孩子，甚至成为他一生中最重要的品质。

其实，当读者开始反问，又或者是质疑自己做不到的时候，心里最真实的想法是：我就是一个普通的农民、工人、小老百姓，不管做什么，都会因为失败而不敢去尝试，害怕承担失败的后果。

被这种思想禁锢的人，不仅无法提升自己的高度，还会给孩子树立一个负面形象，导致他遇事畏畏缩缩，不敢尝试。

所以，作为家长应该抓住每一个机会，尝试着提升自己，为孩子提供更好的家庭教育，带孩子去见识不一样的风景。不要借口工作忙、没时间、不会做来逃避提升自己。

提升自己并不是要去做什么惊天动地的大事，哪怕是在日常生活中也能做到。在工作中更用心一点儿，在生活中少抱怨一点儿，在教育孩子时多共情一点儿。

昨天你看了一篇文章，认识到在公共场合指责孩子不利于孩子的心理健康。于是，在亲戚聚会的时候想要批评孩子的你忍住了，等回到家后才给孩子分析事情对错。孩子懂得了道理，也觉得自己被尊重了。

今天你又看了一篇文章，说身教比言传更重要。孩子写作业的时候你忍住玩手机的冲动，拿起一本书在他旁边陪伴着，你又进步了一点儿；你把吸烟的钱省下来，周末带孩子去旅游，告诉他好好学习，就可以走得更远……

看，家庭教育并没有你想的那么难，只要你想，就可以让自己和昨天不一样，正是这点儿不一样，就能带给孩子很大的影响和变化。

把别人讲的道理内化成自己的观点，再结合家庭教育的实际，运用到孩子的教育上，孩子的起点在你一点点的提升中得到提高，孩子的格局在你开阔眼界的时候也一点点打开。

家长做好情绪管理很重要

和我关系不错的同事某一天情绪不佳，我问她发生了什么事。

她说，昨天晚上没有忍住，对孩子发了脾气，还打了他。等冷静下来后又觉得是自己太冲动了。孩子因此情绪低落了很长时间，她也感到很难受。

我问："你当时为什么发脾气呀？"

"他看电视的时候离电视机太近，我看到后就让他坐远点儿，没想到他不仅不听，还冲我嚷嚷。我一生气就骂了他几句，他觉得委屈就哭了。看他哭哭啼啼的样子，我心烦又忍不住踢了他一脚。"

我没有被同事的沮丧带偏，反问："那你为什么不关掉电视呢？给孩子讲明看电视的条件，要离得远一些，他同意了再看，不同意就不要看，这是立规矩。而打他骂他，孩子的心里除了抱怨、怨恨，还是认识不到自己的错误哇？"

"我也知道是自己不对，情绪太激动了，可当时真是忍不住哇。"同事很懊恼，"我也觉得这么对孩子，自己真不是个好妈妈……"

"孩子都八九岁了，你还因为这种琐事打他，自然不好。虽然你的出发点是好的，但这可能给孩子造成心理阴影。在教育孩子的过程中，你要学着做好情绪管理。"

情绪管理这个词其实并不陌生，在职场中常常能看到，后来也被引用到两性关系中，却忽略了与我们关系最密切、时间最长久的家庭生活。

情绪管理是指通过研究个体和群体对自身情绪和他人情绪的认识，培养驾驭情绪的能力，并由此产生良好的管理效果。简单点儿说，就是认识自己的情绪，驾驭自己的情绪。

首先，要铭记：教育孩子的时候做好情绪管理，不做大吼大叫的父母。

我们必须认识到随便对孩子发脾气的坏处。

Jutta Bauer 出版过一本叫作《发脾气大叫的妈妈》的绘本，风靡全世界，并获得了德国文学界的最高荣誉——文学奖儿童绘本类金奖。

这本书讲述的是一只企鹅妈妈对着小企鹅发脾气，吓得小企鹅身体的各个部分四分五裂，脑袋飞去宇宙不能思考，肚子落入大海因贪食不利于消化，翅膀掉到丛林无法飞翔，嘴巴插在高山上不能言语，尾巴困在街上，只剩双脚在沙漠里行走。作者借此表达孩子因为妈妈的大吼大叫会受到多么大的伤害。

故事的结尾是企鹅妈妈把小企鹅身体的各个部位都找回来，缝合好，并向小企鹅道歉。但是我们不难想象，小企鹅在身体分裂和缝合的过程中，内心是多么痛苦。

虽然这只是一则寓言小故事，但也用最直白的表达方式告诉我们，随便对孩子发脾气、大吼大叫，绝对不利于孩子的心理健康。

对孩子乱发脾气，周围会形成一个高压环境，孩子很难心平气和地思考：自己哪里做错了？爸爸妈妈为什么会生气？我到底该怎么做？这些问题被大吼大叫掩盖，孩子的关注点只能集中在家长的语气、用词和情绪上。

其实，稍微了解过亲子教育知识的父母都知道，不能对孩子大吼大叫，不能使用暴力，要耐心教导。可是，遇到小孩子状况百出又不肯听话的时候，绝对会让家长崩溃，一时忍不住就会大吼大叫，实在管不住了，甚至还会把孩子拉过来照着屁股打两下。

你可能会感到疑惑：为什么好好跟他讲道理他就是不听呢？火噌地一下涌上来，哪还有理智去压制怒火呢？一通发泄过后，又后悔不已，怎么会管不住自己的脾气呢？看把孩子给吓的……

这个场景在很多家庭中无数次地发生过，可能不是因为看电视，而是因为吃饭、玩电脑，等等，但永远都在重复"家长说了→孩子不听→家长骂人→孩子哭→家长哄/家长更恼火→没解决问题"这个过程。

我们经常会提及原生家庭，甚至还有关于原生家庭对青少年性格影响的相关研究，结果表明，很多性格特征都和成长环境有着极为密切的关系。

原生家庭占据主体，或者说居主导地位的是"家长"，尽管我们不能改变自己的原生家庭，但不要忘记，当我们为人父母之后，就成为孩子的原生家庭，居主导地位。我们的一举一动都会对子女产生影响，他可能会习得你做事的风格和处世的态度，从而影响他的一生。再往深了说，他也有可能会这样对待自己的孩子。这就是管理学中著名的"踢猫效应"。情绪是会传染的，比较恶劣的典型就是家暴，家暴者大多在童年时期都曾被自己的父母家暴过，或者是目睹过家庭暴力，长大后，他们也成了施暴者，他的子女大多会沿袭这种恶劣的行为模式。

所以说，认识到随意发泄情绪的危害，是做好情绪管理的基础。

其次，发脾气之前请定好规矩。

很多事情提前给孩子制定规则，让孩子有章可循。当错误行为发生后，不要着急发脾气，让孩子先对照规则发现自己的错误。

一味地打骂会让孩子产生"抗体"，之后你再怎么打骂都起不到正向作用，即使孩子当面承认错误，转头又犯。

比如看电视这件事，你可以和全体家庭成员都约法三章：不能离电视机太近、不能超过两小时、不能躺着看电视。不管是谁，只要违反了其中一条，都禁看电视两天。然后，每个家庭成员互相监督，犯错以后必须接受惩罚。

在生活中，每个人都要应对方方面面的事情，复杂的生存环境决定了我们无可避免地会产生负面情绪。特别是孩子做错事情又不服管的时候，家长心里产生怒火可以理解。如果是全职妈妈，整天面对的都是孩子的吃喝拉撒、睡哭闹玩，恨不得长出三头六臂来，脾气更是难以控制。

所以，给孩子制定规则之后，也需要给家长制定发脾气的规则。

在发脾气之前，家长应该先问自己几个问题：这点儿事情值得发脾气吗？吓到孩子怎么办？一旦发脾气孩子可能受到伤害，我会不会后悔？有没有更好的解决方法？在这个自我询问的过程中，怒火往往也就被控制住了。

孩子犯了错，家长要选择能让孩子真正认识到错误的教育方法，而不是选择单纯阻止错误行为的教育方法。当然，有危险的行为除外。

就比如同事遇到的那个情景。她最先做的应该是想办法让孩子集中注意力听她说的话，如关掉电视。换到其他场景中，可以做一些其他事情，如收起玩具、用食物吸引孩子的注意力……最关键的是，要确保在你讲道理的时候，孩子是能听进去的，而不是当耳旁风：你讲你的道理，他想他的事情。这样才不会让教育总是停留在做无用功的阶段。

最后，给孩子发泄的出口。不要觉得哭闹等情绪就是无益的，是必须制止的。

孩子遇到不顺心的事情，总喜欢用哭闹来表达心里的不满。家长常常不知所措，不知道该怎么处理孩子的哭闹，一旦开口，就很难避免靠大声训斥来制止。既然如此，不如采用"冷处理"，有时太过在意孩子的情绪，反而会让他们"得寸进尺"，不理不睬便会让孩子自觉无趣，停止错误行为和哭闹。在确保孩子安全的前提下，坐在能看到孩子的地方，梳理自己的情绪，也让孩子发泄他的情绪。

任何人都需要给情绪留一个出口，孩子也同样需要发泄情绪，强行憋在心里可能会影响心理健康，发泄完了反而会觉得舒畅。即便是成年人，如果心里不舒服，也会大哭一场、痛骂两句，再大睡一觉，之后会感觉很轻松。所以，当孩子因为发泄而痛哭，家长可以适当地给他空间，这也是一种比较好的选择。

如果孩子的哭闹让人心烦意乱，也可以使用转移孩子的注意力和疏导自己的情绪同时进行的方法来解决。

我最常用的方法就是和孩子一起撕纸片。找一张很大的纸，慢慢地撕成碎片，边撕边念叨："真好玩儿，真好玩儿。"孩子以为这是一个新游戏，就忘了哭闹的原因，过来和我一起撕纸片。他的哭闹停止了，家长的情绪也得到了发泄，一举两得。

孩子是"天使"，也是"魔鬼"，他们的理智还不足以控制自己的行为，难免做错事、发脾气、哭闹不止。家长想要正确处理孩子的"状况"，前提是做好自己的情绪管理，不然，太过情绪化有可能会做出伤害孩子的举动。

幼时差一棵树的距离，长大可能差整个森林

有一天，我带着宝宝回我妈家。中午宝宝去睡午觉了，妈妈一如既往地给我说邻里的大小事，无外乎谁家的孩子考上大学了，哪位老人得病去世了，我上学时的哪位同学现在做什么工作，诸如此类。我也有一搭没一搭地听。

突然，我妈问："你还记得方舟吗？"

"哪个方舟？"我一愣，心里隐隐浮现出一个模糊的身影，难道是他？

"就是之前住在咱家东边那半间破屋的小孩儿，后来搬走了。"

果然是他，我幼时的玩伴。自上小学他搬家后我们再也没有见过面，听说他转到城里上学，后来考上大学，学的是旅游管理专业，毕业后做了导游。

"他怎么了？"

"他现在可有出息了，开了连锁旅行社，前两天回来，还说要做什么公益项目来回报家乡呢。"

小的时候，方舟家就在我家隔壁。那时候，村里大多是砖瓦房，有些稍微富裕点儿的家庭盖了水泥房，唯有他家是那种并不多见的土房子，是老一辈传下来的。虽然他家房子很简陋，但是里面收拾得很整洁。方舟的父母都是勤劳节俭的人，村里很多人都劝他们把房子翻盖一下，可是方舟父母只是笑笑，不置可否。

到了上小学的年纪，方舟的父母突然带着他搬到市里去了，说是在市里给方舟找了学校，他们也在学校旁边的饭店找到了工作。在我小的时候，父母并没有投资教育的意识，所以村民们对方舟父母此举很是惊讶。背井离乡不说，还要花钱租房子，为什么要到城里去呢？

"为了孩子的教育"，这是方舟爸爸给出的理由。村里人对此都嗤之以鼻，觉得他们是多此一举。那时我还是一个七八岁的孩子，自然也不懂方舟父母此举的良苦用心，只是很羡慕他能去城里读书。

现在想想，当年方舟的父母带着他去博物馆里看展览，教会他去图书馆里查阅资料，畅游在知识的海洋，学习累了还能听听收音机里的新闻、歌曲；反观留在村里的家长，除了农忙，就是聚在一起东家长西家短地闲聊，或者吆五喝六地打牌。

我的父母和方舟的父母差了一小截，但是我和方舟就已经差了一大截。

网络上有一个话题总是能够引来各方争论：穷人到底应不应该生孩子。

我认为，这个问题太过极端，生不生孩子和穷不穷没有必然联系，更何况，"穷"只是一个衡量标准，账户上有多少钱才能算不"穷"呢？

在帖子里，看到过这样的回答：我没有那么多钱，买不起学区房，所以没办法把孩子送到好学校去接受教育；我没有那么多钱，培养不了孩子的特长（此处的特长特指英语、奥数等），所以孩子注定会输在起跑线上；我没有那么多钱，没法带孩子去旅游见世面……

几乎所有人都将"穷"和"接受不了好的教育"画上等号。但是，在所有的教育中，包括教育专家也认同：家庭教育才是陪伴孩子最长时间的"教育"，家长才是孩子的第一任老师。

在老家，有个年轻人给我留下了深刻的印象，他的事迹因为自媒体账号的报道引起了不小的轰动。他是一名大学生，毕业后没有选择在大城市里工作，而是回老家承包土地务农。对此，很多人都不理解，还嘲笑他是在大城市里找不到工作才灰溜溜地回来种地。但几年过去了，他已经承包了上千亩土地，收获颇丰，每年都能赚到可观的收益，让村民们不得不刮目相看。

一次闲聊时，我好奇地问他："绝大多数人在大学毕业后，都选择留在城市找一份合适的工作，舒适又体面。你怎么会选择回农村种地呢？"

听到我这么问，他笑着说："你不是第一个这么问我的人了，包括这个村子里的乡亲，还有我的大学同学，都觉得很不可思议。"

"是啊，读了那么多年的书，别的不说，高中那三年头悬梁锥刺股的，如果只是回村里种地，为啥不干脆高中毕业后就回来种地呢？"我说出心中的疑惑。

"这是两个问题。"他伸出一根手指，说，"第一，为什么回来种地？原因很简单，因为我喜欢。从小看着我爹种地，觉得种下种子，看它发芽、开花、结果，这个过程很有意思，很有成就感。我父亲在我很小的时候就告诉我，人就是要做自己喜欢的事。"他又伸出一根手指，继续说，"第二，为什么还要去读书？那是因为我父亲说，读书是为了让我开眼界，小时候说喜欢种地，那种喜欢可能是小孩子贪玩。读了书见了世面后，还选择回来种地，这个选择相对成熟些。"

我点了点头表示明白，又说："村里人人都种玉米、小麦，你却种大蒜，收成还那么好，真有眼光。"

这是事实，他承包的上千亩土地专门种植大蒜，雇了几十个人来做农活儿。每到农忙的时候，地里人头攒动；大蒜收获的时候，村口停满了来拉蒜的卡车。

"这也多亏父亲告诉我，不管做什么事情，付诸行动之前都要认真观察、仔细思考，看看是不是可以做得更好，有没有什么需要解决的问题。所以，在承包土地之前，我就对市场需求做了一番调研，发现这几年大蒜市场火爆，还专门去金乡学习怎么种蒜……"

英国著名教育学家斯宾塞说过："**家庭教育，实际上就是父母与孩子共同学习、成长的过程。**"

所以，作为家长，我们即使不能给孩子提供进入重点小学的机会，也可以提升自己，帮助孩子养成好的习惯、好的性格，树立正确的三观。

帖子里总是能看到类似的话：我是一个没什么文化的普通老百姓，哪里懂得怎么教育小孩呢？我天天忙着工作，只能把孩子交给爷爷奶奶，他们跟不上现在的育儿观念；我相信孩子可以自己学习，学出什么成绩是他自己的本事……

家长总能给自己的懒惰找到各种理由。要想让孩子更努力、更主动地学习，就要亲力亲为地给孩子树立正确的榜样。如果我们都不能严格要求自己，又有什么资格严格要求孩子呢？

又有家长说："我已经三四十岁了，这辈子就这样了，你还让我学习怎样科学地教育孩子，这不是为难我吗？"

改变，从一点一滴做起，点滴也能引起"蝴蝶效应"。

对小孩儿的教育并不只是大道理的堆砌，也不是枯燥的说教，更多的是以身教之，春风化雨。很多时候，家长不经意间的一个行为、一句话语，可能给孩子带来巨大而长久的影响。

如果你每次外出时都将垃圾扔到垃圾桶内，并教育孩子要珍惜环卫工人的劳动成果，那孩子自幼就会培养出环保观念，并且懂得珍惜别人的劳动成果。

如果你平时多带孩子去图书馆，那自然能够培养出孩子热爱阅读，并且最终形成好的阅读习惯。

如果你平时在工作之余多带孩子回父母家，帮父母做做家务，对父母多多关心，那孩子自然会感受到家的温馨，并且懂得孝顺……

这些都是教育的一部分，并不局限于课本之中、学堂之上，而且这些日常的点滴行为对孩子产生的影响深刻且持久，远比书本上学到的知识更重要，因为这些都是做人的道理。

在孩子小的时候，作为家长的我们与别的父母相比差了一棵树的距离，等到孩子长大了，可能就是一个森林的距离。教育无小事，教育在点滴，家长作为将孩子带到这个世界的人，就应该在教育孩子的问题上更用心一些，别等孩子长大了再后悔，也别自欺欺人地找借口说自己不懂教育，以此来逃避责任。只要你想，你就可以在孩子的成长路上发挥更积极的作用。

爱，需要很多种方式存在

一天中午过马路的时候，绿灯还有五秒，我下意识地停住脚步，还顺手拉住正往前走的同事。她一怔，笑着说："你什么时候变得这么小心了？以前就算只剩一秒，你也得拉着我飞奔过去哇！"

是呀，我从什么时候开始变得这么小心了？我在心里问，很快就找到了答案，应该是有了孩子以后吧。

自从做了母亲，我变得胆小了，不敢失业，不敢生病，也不敢将自己置于危险之中。

就在前几天，我吃过早饭后，左下腹突然疼了起来，立刻到社区医院看病。医生开了查大便的化验单，等了半小时出结果，又拿给医生看。她有点儿严肃地说："你的大便有潜血，需要去大医院查查，我们这里看不了。"我立刻蒙了，赶紧问，大便潜血一般会是什么病。她并没有直接回答我的问题，而是让我第二天空腹去三甲医院，化验完才能确定是什么原因造成的。

回到家，我立刻上网查，大便潜血有可能是肠炎、肠溃疡造成的，也有可能是恶性肿瘤的症状。一看到"恶性肿瘤"四个字，我一下子就慌了，想到还在襁褓里的儿子，更是六神无主：如果我真的有什么三长两短，他该怎么办？这个家该怎么办？

我陷入了巨大的恐慌，各种想象中的不幸在脑海里不停地闪现，令我坐立不安。整个下午和晚上，我抱着懵懂无知的儿子流泪，就连老公的安慰也听不进去。

第二天天刚蒙蒙亮，我就到三甲医院做了进一步检查。当医生拿着化验单说没什么大碍，只是得了肠炎的时候，我激动得连问了好几遍，得到医生肯定的回复后，悬了大半天的心才放下。

我畏惧，我害怕，其他亲人再怎么爱我的儿子，母爱也只有我这个妈妈能给予。哪个母亲不想陪着孩子长大，直到他成家立业、开枝散叶呢？所以我要更爱惜自己，因为我不想他在缺爱的童年踽踽独行。

童年缺少爱，会对孩子造成非常不好的影响，甚至会形成严重的心理阴影。童年缺爱的人长大后会变成什么样呢？

电影《被嫌弃的松子的一生》为我们讲述了一个真实却残忍的故事。

主人公松子自幼得不到家长的重视，因为妹妹卧病在床，父亲对妹妹更加关心，自然会不自觉地忽略松子的感受。为了引起父亲的注意，得到父亲的关爱，松子努力学习，可还是无法吸引父亲的注意。所以她常常觉得是自己不够好，不配得到爱。

后来，她发现做鬼脸可以换来父亲的笑容，便开始爱做鬼脸。即使面对的人不是父亲，她也经常会不自觉地想通过做鬼脸的方式得到别人的关注和爱。

长大后的松子也一直活在不被爱、不值得被爱的心理阴影中，所以她一直很自卑，想要寻求别人的爱和肯定。这种心态让她在与别人相处的过程中常常处于劣势和被动，导致她最终的悲惨结局。

电影虽然有夸大的成分，但不可否认，缺爱的孩子总会出现一定程度的心理问题，其中最典型的就是对自己的否定。终其一生，他们都在寻找爱和肯定，然而，他们能找到的爱和肯定十分"劣质"。

在"马斯洛需求层次理论"中，归属和爱的需要是继生理需要、安全需要之后的更高层次的需要。现如今，随着生活条件的提升，人们的生存需要、安全需要等低级需求很容易被满足，但是归属和爱的需要并没有得到大众的关注。重男轻女、留守儿童、隔代抚养等现象都会造成孩子在成长过程中缺爱、缺乏安全感，从而引发孤独、抑郁、叛逆、冷漠等心理问题。当然，我们并不能一概而论，这些问题在不缺爱的孩子身上也会有所体现，但在那些缺爱的孩子身上体现得更为明显，占比更大。

缺爱的孩子成年后更容易被"爱"迷惑。

我们常说，人总是缺什么就想补什么，似乎这样就能穿越时空，弥补曾经无助的少年的遗憾。小时候没吃过什么美食的孩子长大后或是暴饮暴食，或是喜欢囤货；小时候没有零花钱的孩子长大后或是铺张浪费，或是极端节俭。那缺爱的孩子呢？

我有个高中女同学，她的成绩很好，是因为中考成绩特招进来的。然而，她的父亲一心想要个儿子，得知生了个女儿后便开始酗酒，根本就不管她。母亲逆来顺受，更是助长了父亲的嚣张气焰。久而久之，父亲醉酒后胡乱发脾气、母亲战战兢兢地收拾家务就成了常态。她从一开始害怕、恐惧，到后来逐渐变得沉默寡言，成绩也受到影响，越来越平庸。

就在我们紧锣密鼓地忙着高考之际，她根本没有任何动力去努力学习。我十分不解，还跑去问她，她幽幽地说："我在家里根本没有时间学习，再说了，我也不敢和爸妈说上大学的事情，恨不得天天躲在父亲看不到的地方。"我问她以后打算怎么办，她很直白地说："进厂打工，反正在家里也是天天提心吊胆的，还不如去社会上和陌生人相处呢。"果然，她在高中毕业后就去了南方打工，我考上大专后继续上学。时间久了，我们也自然而然地失去了联系。

直到最近，我们高中同学组织聚会，才再一次见到了难得回老家的她。听她说，在打工的时候，她遇到了现在的丈夫。丈夫来自一个小县城，大她10岁，当初和她在一个车间工作，对她很照顾。不到半年，两个人顺理成章地结婚生子，现在有了一对子女。可是眼看着孩子越来越大，她又要照顾公婆，又要操持家务，也不去打工了，偶尔做做零工补贴家用。丈夫一个人赚钱，苦苦支撑着这个家，早就没有了当初的体贴和关怀。要不是有两个孩子，她都不知道自己辛苦付出是为了什么。

我们聊了很多，从工作到家庭，从丈夫到子女。聚会即将结束的时候，我问她什么时候再回来，到时候一定要再聚。她苦笑着说："我几年都回不来一次，没时间也没闲钱……"

我只能抱了抱她，然后故作轻松地挥了挥手机，安慰道："没事，反正我们有了联系方式，微信上聊聊天也是可以的。"

看着她离开的背影，我的心里很苦涩。不难体会，一个不满20岁的懵懂女孩儿独自出门打工，什么也不懂。此时恰好碰到一个对她体贴照顾的男人，自然就以为是遇到了爱情。我还记得女同学说决定结婚时的草率："从来没有谁对我这么好，所以就跟了他，哪还会考虑其他的呀。现在想想自己真傻，二十出头就生了孩子，后悔也没用了……"

是呀，没有尝过甜的孩子，给她一块儿糖以为这就是爱了，一点儿殷勤就会以身相许，从而抱憾终身。

很多家长看到这里，可能会觉得困惑，自己并没有重男轻女，也没有把孩子留在老家，天天和孩子沟通，但孩子还是感受不到父母的爱，还是显现出缺乏安全感、感觉自己不被在意。这究竟是为什么呢？其实这是因为爱的方式有误。

爱是要讲究方式方法的。父母要给孩子足够的爱，让他在爱的滋养中成长。

在老一辈人的心中，父母爱孩子的方式简单粗暴，信奉"棍棒底下出孝子"，打骂训斥是家常便饭。他们以为的沟通，实则是情绪的宣泄，而不是考虑孩子的真实感受。久而久之，孩子对家长的刻板印象就变成了严厉、坏脾气，最终演变成了"不爱我"。

年轻人更认可科学育儿的观念，从孕期就开始学习科学育儿的知识，懂得要尊重孩子，爱孩子的方式比较温和。可是从小受父辈教育方式的影响，常常不自觉地用他们对待自己的方式去教育孩子。故而，陷入自我矛盾和恶性循环之中。

其实，孩子需要的爱很简单，只有两个字——陪伴。

陪着他玩耍、陪着他看书、陪着他吃饭、陪着他成长。"陪"这个字，代表着一个更深层次的含义——在孩子成长的道路上，家长是陪衬、是辅助。

当孩子有心事的时候，我们该多听听他是怎么想的，要让孩子得到最基本的尊重，从而塑造完整的人格；当孩子玩耍的时候，父母陪伴在左右，既能放松父母的心情，也能拉近父母和孩子之间的距离；当然，在孩子学习的时候，父母更要把握好分寸，不要指手画脚，不要横加干涉，陪着他攻克难题，适当地纠正他们的错误……

如果孩子做错了事，我们也需要陪伴，不要言语指责，也不要出于溺爱心理替他们找借口，而是陪着他们认识错误、改正错误，甚至去承担做错事带来的后果。

毕竟小孩子都需要适度地约束和引导。爱不等于给他绝对的自由，我们生活的社会处处是规则，规则让生活更有秩序，在规则内拥有绝对的自由，但不能触犯规则。

只有在充满爱和尊重的环境中成长的孩子，性格才会更乐观、更阳光，也更能感受爱，更愿意付出爱。

隔代抚养没有那么可怕

　　同事的产假即将结束，马上就要来上班了。她在微信上向我请教，说自己的婆婆是一个心善却粗心的人，已经60岁了，还是一副风风火火的做派。不懂得给小孩做按摩，不懂得给孩子播放音乐，不懂得早教，就连卫生习惯也是"能凑合就行了"……总之，在同事眼里，她的婆婆全是缺点，把孩子交给婆婆来带，她是十万个不放心。

　　可现实情况又不允许她挑三拣四：自己的父母要给哥哥带孩子，没法儿给自己提供帮助；自己的工作也不能放弃，毕竟她在职场里摸爬滚打多年才有了现在的成绩，更何况家里也需要这份收入。

　　即便她再放心不下，再不愿意，也只能让婆婆来照顾孩子，晚上她下班后再接替婆婆。

　　她在电话那头向我诉苦："我都不知道该怎么办了，上班的时间一推再推，估计再不去老板就该把我辞退了。可是我真的不放心让婆婆来带孩子……怎么办哪，想想就头疼。"

　　"既然只有隔代抚养这一条路，那你就别再纠结婆婆带孩子到底好不好了……"语音通话时，我也看不到她的表情，但完全能够想象得出她此刻愁眉苦脸的模样，只能这样安慰她。

　　"那我该怎么办？"

　　"趁着还没上班，把那一套科学养育的理念尽可能地教给你婆婆，告诉她这是为了孩子好。"

　　很多年轻的父母为了经济收入、实现自我价值等原因，无法全职抚养孩子，这个重任只能落到家里的老人，特别是孩子的爷爷奶奶肩上。然而，这又出现了新的问题：老人的育儿观念相对陈旧，年轻父母不放心把孩子交给老人，怕孩子从小就娇生惯养。这就陷入两难的境地。

我们不妨换个思路去考虑这个问题，如果必须做出这个选择，作为孩子的父母，关注的重点就不应该是老人带孩子的缺陷和主观上不愿意这些无法改变的事情，而是去思考如何快速让老人更好地带孩子。

老一辈的观念相对而言比较陈旧，没有接触过科学育儿的知识和方法，或者是出于溺爱心理，对孩子有求必应，这是无可厚非的。一方面是因为隔辈亲，另一方面是因为他们不知道怎样教育才是正确的爱的方式。

如果你只能选择让老人帮你带孩子，就要认清老人带孩子的利弊，作为孩子的父母，要做的不是抱怨，而是主动帮助老人扬长避短。他们的育儿知识较为陈旧，那就多给老人灌输科学的育儿观念，让他们尽可能地摒弃错误的观念。

抱怨解决不了问题，找到问题的根源对症下药。

我怀孕期间，婆婆也天天在我面前说她们那个年代的育儿观念。比如，月子期间不能洗澡；孩子百天的时候必须剃头；孩子爱吃什么说明他缺什么，要让他们一次性吃个够……之前在网络上还看到，有的婆婆会习惯性地把食物嚼碎后喂给孩子吃；有的婆婆会给婴儿咬自己的乳房……一想到那个画面，我就吓得连连摇头！孩子还没出生，我已经陷入无穷的焦虑之中，甚至考虑要不要辞掉工作，做一个全职妈妈。

后来，医院组织了宝妈课堂，看到有婆婆陪着儿媳妇来听课，我心里有了主意。从那以后，我每次去参加宝妈课堂时都拉着婆婆一起去，让她有问题多问问医护人员。果然，她掌握了很多科学喂养的知识并认真实践。其实，婆婆并不是冥顽不灵，对于晚辈的提醒、建议总是习惯性地表面应承，心里却想"你吃过的大米还没有我吃过的盐多"，所以才会矛盾不断。可这些话是医生说的，就具有权威性，长辈会更愿意接纳，毕竟他们的初衷也是为了带好下一代。

不仅如此，我还下载一些科学育儿的视频和婆婆一起看，讨论如何喂养更利于孩子的身心发展。长此以往，婆婆的认知有了很大的改变：知道孩子的衣服要和大人的分开洗；知道了奶粉并不是冲调得越浓越好；懂得定时给孩子听轻音乐；明白了零食对身体不好，不能多吃……当婆婆接受了这些科学育儿观之后，她甚至教育邻居大妈说，孩子的头皮太嫩，不能用剃刀给孩子刮头皮。

老人的知识储备、认知水平受到很多因素的影响，不能完全跟上时代的脚步，就需要我们用恰当的方式慢慢灌输给他们。不要妄想他们能够将这些知识全部快速消化，这种可能性微乎其微。

隔代抚养与父母全职带孩子肯定有很大的差距。但如果隔代抚养是你唯一的选择，你最重要且必须做的是让老人尽可能多地接受科学育儿观念，而不是纠结老人带孩子存在这样或那样的缺点。

仔细想想，老人牺牲自己的晚年生活帮我们带孩子，每天忙里忙外地照顾孩子的吃喝拉撒睡也很不容易。如果不是出于对孩子的爱，他们怎么会舍弃清闲的时光，背井离乡地来照顾孩子。所以要清楚，老人爱孩子的心和我们是一致的，他们甚至比我们更疼爱孩子。

如果觉得老人的某些育儿行为不妥，在和老人沟通时要注意场合、语气和技巧。不要在人多的公共场合指责他们。老人大多数好面子，当着外人的面指出他们的错误，不仅让他们很难接受，甚至会恼羞成怒，反对你说的话，从而引发家庭矛盾。

比较适合的时机是在晚上孩子休息以后，或是趁着伴侣带孩子出门散步的工夫，单独告诉老人。如果觉得自己很难说服老人，可以借助育儿书籍、讲座、医生等比较权威的角色，老人一般很快就能接受了。

或者可以选择贬低自己，曲线救国。比如，说自己小时候因为看了太多电视，导致长大后近视得厉害。再如，说自己小的时候吃糖吃到牙疼，只能去医院补牙。通过说自己因为年纪小这样做造成了什么后果，侧面劝解老人不要给孩子养成类似的坏习惯。

在劝解老人的时候，语气要诚恳，要肯定和感激他们带孩子的付出和长处，因为老人就像孩子一样，需要我们哄着。

当然，对于口嚼食物、穿太多、绑腿等行为要坚决制止，不然会给孩子带来很大的负面影响。在拒绝的时候，要让老人看到你的决心，知道这些行为绝对不行。

老人帮养并非全面抚养，父母不应该缺位。老人是帮忙带孩子，而不是承担教育的全部责任，父母应该承担主要的抚育责任。

即使我们不能自己带孩子，也应该利用每天下班后的空余时间和孩子亲密相处。这不仅能够让老人劳逸结合，也能够促使亲子关系更加亲密，是孩子身心健康发展的必然要求。

好的父母都是好的"骗子"

周末去同事家串门，我们在客厅喝茶，她的丈夫承担起辅导儿子写作业的"重任"。不一会儿，就听到她的丈夫在书房训斥儿子："这么简单的1234都不会写？你真是个大笨蛋！"

"你才是大笨蛋，我不写了！"紧接着，就听到她儿子歇斯底里的尖叫声和摔本子的声音。

同事看了看我们，尴尬又无奈地说："唉，这孩子干什么事都挺灵光的，就是写作业不行，这一年级都快结束了，连一些简单的数字和笔画都写不好，跟他姐姐比，差得太远了！"

"这些都是姐姐得的奖状吗？"我指着客厅满墙贴着的奖状问。

"是呀！"同事立刻换了副神情，满脸骄傲。

"那你们平时是不是经常拿弟弟和姐姐作比较，特别是在他刚开始学习的阶段？"我继续问。

"好像是。刚开始他还挺积极的，我和他爸爸笑话他写字难看……"

"慢慢地，他就讨厌写字了，后来就写得更差了！"

她深以为然地说："是呀，就是这样！"

心理学中有一种现象叫作"习得性愚蠢"，是指孩子本来不笨，可是后来越学越笨，而导致这种现象发生的根源是父母的全盘否定。

同样是一个学习不好的孩子，语文考试只考了十几分。老师问这个学生，为什么只考了这么少的分数。学生说自己不喜欢语文。语文老师夸张地说："不喜欢都能考十多分，如果能用功点儿得考多高的分数哇！"

后来，这个学生考了二十多分，老师又夸奖他："你看你稍微努力一点点，就能进步这么多，真是聪明。"老师用这种"骗术"把班里的每个孩子都引导得好学起来。

激励和否定，不同的方法会取得不同的效果。

著名心理学家罗森塔尔曾经做过这样一个实验：在一所普通中学里随机选择一个班级，在班里逛了一圈，在学生名单上随意圈了几个名字，之后很郑重地对老师说："这几个学生智商很高，学习成绩一定很好。"

一段时间之后，罗森塔尔又来到这所学校，奇迹发生了，那几个被他随机挑选的学生本来都很普通，在被他称为"天才"之后，真的变成班上的佼佼者。

罗森塔尔教授真诚地说，自己对这几个学生一点儿也不了解，只是随机选择的。

为什么会出现这种情况呢？

原因很简单，罗森塔尔作为著名的心理学教授，在人们心中，特别是在老师心中有很高的权威性。当罗森塔尔说那几个学生是天才的时候，老师便深信不疑，所以在平时的教学中，对这几个孩子产生了积极的期待，多鼓励他们成长。

而这几名学生也因为感受到老师的期待而更加努力，更加严格要求自己。这就是"欺骗"的魔力在发挥作用。

"吸引力法则"告诉我们：孩子相信什么，就会吸引什么。简单来说就是：说你行，你就行，不行也行；说你不行，你就不行，行也不行。

当我们在潜意识中认为孩子在某个方面不行、不如别人，就会不自觉地流露出来。而孩子也会敏感地察觉到父母的态度，从而在内心形成这种认知，觉得自己在这个方面存在问题。慢慢地，他的表现就会越来越差。

你期待孩子成为什么样的人，孩子就有可能成为什么样的人。这个期待不是强加的，而是需要家长有策略地给予肯定和正向鼓励。

每个孩子都有成为天才的潜力和可能，然而能否实现，往往取决于家长和老师能不能像对待天才那样严格要求和正向鼓励。所以，在平时的教育中，作为家长，要学习一些"骗术"，这是教育的智慧，并不是敷衍的哄骗。

"欺骗"孩子最关键的一点在于积极鼓励孩子的优点，充分发挥他的优势和主观能动性。每个孩子都有自己的优缺点，做家长的，最忌讳拿自己孩子的缺点与别的孩子的优点进行比较。我们先要肯定孩子的优点，告诉孩子，如果他再努力一点儿，就可以做得更好。

　　我们要学会逆向思维，不要想着孩子成为不了什么样的人，而是要变通为我想让他成为什么样的人。**学会先定位、后装为、再变为。**

　　相信并肯定地告诉孩子他是优秀的！从心里把他当作优秀的孩子看待，然后告诉所有人，你的孩子有多优秀。

　　刚开始，孩子可能不相信、不认可，可当你一遍遍地重复、当身边所有人都这样认为的时候，孩子也会慢慢相信，并尝试着按照"优秀"的标准来要求自己，慢慢地，他会养成习惯，继而真正成为一个优秀的人。

　　三人成虎，谎言说一千遍就会成真。如果你一直"欺骗"孩子，说他是一个优秀的人，慢慢地，他就会相信自己是个优秀的人，也会往更优秀的方向努力。如果你不断地告诉孩子，他是一个很差劲的人，他就会出现习得性愚蠢的现象，反而越努力学习越笨，最终一事无成。

试着把爸爸培养成育儿主力

男人和女人在思维模式上有很大的不同，在育儿方面，映射在孩子的精神世界里也有很大的差别，从而对孩子的为人处世产生不一样的影响。

古语云："宁可教子猛如狼，不可教子绵如羊。"妈妈教出来的孩子可能过于温柔，换言之，在某种程度上也会比较软弱；老一辈人会比较溺爱孩子，相对而言，容易导致他们骄纵任性；爸爸既能接触到先进的育儿理念，又不会过于娇惯孩子，保持着男人的理性和活力，教育出来的孩子也会既理性又有童趣。

然而，从现实情况来看，有的男人受到"男主外女主内"的传统思想的影响，普遍把教育孩子归为女人该做的事情，如果男人天天围着孩子转，似乎就丢了面子。

我的老公最开始就是这种传统思想的"拥护者"，为了让孩子与爸爸更亲近，为了让丈夫承担起"父亲"的重任，我下了不少功夫。

首先，我以"培养儿童正确认识性别"为由，要求他必须陪儿子一块儿洗澡，这是爸爸的专属权利。儿子尚在牙牙学语之时，我就天天对着儿子喊"爸爸"，所以，他最先会叫的是"爸爸"而不是"妈妈"，我还假装吃醋。老公果然上当，认为这就是父子天性，从而对孩子更加上心。

每次回老家，我就把儿子交给老公去带，因为我只会陪儿子看绘本、听音乐，可是老公能带着儿子在老家玩得很痛快，挖泥、推沙、捉虫、钓鱼……充分融入大自然，才不会辜负大好时光。

老公对育儿课堂没有兴趣，觉得被迫学习的滋味很不好受。那我就负责学习、整理，然后在日常交流中，将这些育儿观念一点点地灌输给他。

最开始，爸爸带孩子玩耍肯定不如妈妈仔细，难免磕了碰了，我从来都不着急，只要不是大问题，放任父子去玩耍。久而久之，两个活力十足的男性，一个天天装成小大人，说要"保护妈妈"，另一个也放松心情，释放天性，陪着孩子玩游戏、去儿童乐园，找回童趣。

父亲融入角色比母亲慢，因为他没有经历十月怀胎，所以帮助他进入角色至关重要。

曾经在网上看到过一个妈妈发帖，含泪控诉自己的老公痴迷于游戏，家里的长辈都无法伸出援手，她只能自己独自负责孩子的吃喝拉撒，还要给心智不成熟的老公洗衣做饭、操持家务。压垮她的最后一根稻草是当天晚上，她想趁着孩子睡着了去洗澡，结果刚抹上洗发水，孩子就醒了，哇哇大哭。她让老公去看看孩子。可老公不耐烦地说："我可看不了。"当妈的害怕孩子从床上跌下来，连泡沫都没冲，绝望地用浴巾裹住身体就去哄孩子。帖子的最后，她问：这样的生活还有必要继续过下去吗？

网友的回复大部分都斩钉截铁，认为碰到这样的丈夫，不离婚难道要留着过年吗？

然而，在网络上发言自然可以随心所欲，现实生活中根本做不到。仅凭这件小事就断定婚姻无法继续未免太片面了，但这位女性必须和丈夫好好沟通，让他认识到自己的责任。任何一个有责任感、有担当的男人都不应该让老婆在育儿的路上踽踽独行。

在育儿这件事上，男人的觉醒力不如女人，孩子出生后，可能在很长一段时间内，他都感受不到生活有什么变化。既然如此，**走得快的妈妈就停下来，等等孩子的爸爸，让他也一起体会育儿的酸甜苦辣。**

同事出了交通意外，导致小腿骨折，我们去医院慰问她时，同事表现得很忧虑。听她说，公婆都已过世，父母还要照顾哥哥家的两个孩子，抽不出时间来照顾她，丈夫也指望不上。同事不无担忧地说："这个家里里外外都是我在操持，孩子也是我从小带到大的，老公什么活儿都干不好。我现在不能下床，这个家可怎么办哪？"

可令她意外的是，事情的发展并没有她想象中那么糟糕。老公早起做早餐，照顾她和孩子吃饭，上班时顺路把孩子送到学校，中午再赶回家给她做饭。

一日三餐，刚开始丈夫做得不好，但熟能生巧，到后来甚至能照着网上的教程熬骨头汤，给孩子做营养餐。下班后，他洗衣服、打扫房间、辅导孩子功课，也做得越来越好。

不仅如此，丈夫与孩子的关系变得更亲密了，每天放学后，孩子都喜欢围着爸爸，让他给自己讲故事、陪自己玩游戏。

一次腿伤，让丈夫得到成长，同事美美地说："值了！"

爸爸没有十月怀胎、一朝分娩的刻骨经历，在育儿的过程中，和妈妈这个角色相比，爸爸有着先天的迟钝和惰性。为了让爸爸能够充分地参与孩子的成长过程，妈妈不可大包大揽，要学会适时放手，给爸爸足够的空间和机会，促进父子交流。

妈妈必须深刻认识到：爸爸在培养孩子的过程中起到重要作用，夫妻合力，才能让孩子身心健康地成长。

经常听到妻子这样抱怨：丈夫陪孩子疯玩，照顾孩子不细心，自己还得跟在他们的屁股后面收拾；丈夫带孩子出去，先强调无数条安全事项，最后把丈夫弄烦了，干脆就放手不管了，妻子又抱怨丈夫不管孩子……其实作为妻子，大可不必这么担心，他是孩子的父亲，在养育孩子的过程中，他更应该成为与你并肩作战的人，而不是做甩手掌柜。如何让丈夫主动承担"父亲"的责任，需要一定的技巧，一味地批评和嫌弃只会让他产生厌烦心理和挫败感，继而更为自己撒手不管找借口。所以，要多鼓励爸爸，表扬他带孩子的优点。

有很多家庭考虑到爸爸白天上班辛苦，晚上陪伴孩子睡觉的重任就落在妈妈身上，甚至有些妈妈选择和孩子睡在一个房间，让爸爸单独睡一个卧室。这样一来，爸爸可以好好休息，但同样也彻底游离在育儿责任之外了。他体会不到妻子教育孩子的辛苦，也没有亲身参与孩子成长过程的机会，自然容易逃避责任。

从简单的二人世界到忙乱的三口之家，男人的角色转换不如女人快，如果不加以引导，就容易让他觉得自己受到冷落，甚至产生"局外人"的感觉，对孩子不管不问，也无法体谅妻子的辛苦，容易引发家庭矛盾。

家庭教育中唱红白脸为何 $1+1=0$

电视剧里常有这样的片段：某个周末，孩子老老实实地写作业，爸爸走过来看了一眼，指出了一些不足，让孩子重写。孩子很不乐意，但因为害怕被爸爸骂，只能乖乖地照做。

好不容易做完了，爸爸还是不满意，又重做。如此两次，孩子哭了。爸爸一看更气了，甚至冲孩子吼了起来。

妈妈听到了，赶紧从其他房间里跑出来，弄明白怎么回事儿之后，安慰孩子，又转过身来对爸爸说："你怎么回事儿呀！你看把孩子吓的……"

爸爸反驳道："什么叫我怎么回事儿，我教育他是为了他好，你要这么说我，以后再也不管他了！"

妈妈也火了："爱管不管！你本来也没管过！"

当然也有"虎妈猫爸"，是指妈妈专门扮演严厉的角色，爸爸充当和事佬。但万变不离其宗，教育方式都是典型的"一个唱白脸一个唱红脸"策略。

在中国传统的家庭中，往往采取严父慈母式的家庭教育方式，但当代家庭"虎妈猫爸"的角色互换也比较常见。无论是哪一种，都是在孩子犯错的时候，白脸负责严厉批评，让孩子产生畏惧心理；红脸再像护小鸡一样护着孩子，斥责白脸的行为，为孩子的错误找借口，顺便安抚孩子受伤的心灵。

这种看似天衣无缝的组合，为什么鲜少能达到好的教育效果呢？为什么会出现 $1+1=0$ 的效果呢？最主要的原因是这种教育方法已经不适合现在的教育环境了。

家长在教育孩子的过程中常常出现立场和观点不一致的情况，这些矛盾和分歧不应该在孩子面前表现出来，更应该在私底下进行沟通和协商。孩子年纪虽小，但对父母的态度有天生的敏感度，如果他知道父母中有人能够替自己说话，为自己的错误兜底，自然而然就"有空可钻"。这样一来，不仅达不到预期的教育效果，还会给孩子的心理带来负面影响，会影响他以后为人处世的态度。

不利于树立孩子的是非观念。父母的教育观点存在差异，就很难让孩子明确什么是对，什么是错。当孩子犯错时，一方严格要求，另一方总替孩子找各种借口，孩子夹在中间，不知道该听谁的。久而久之，容易依赖帮自己说话的一方，从而失去矫正错误的机会，酿成更大的错误。

不利于家庭和谐稳定。当夫妻双方对教育子女的问题发生分歧时，很可能从教育问题的矛盾转变成夫妻关系的矛盾。我们常常能看到，原本夫妻都是发自本心地为了孩子好，但由于没有达成共识，最终演变成夫妻吵架，孩子躲在角落里因害怕而哭泣。

不利于建立良好的亲子关系。在教育孩子的时候，如果夫妻双方存在很大的分歧，孩子会很自然地选择听从态度温和的那一方的意见。只会以态度来决定自己的行为，而不是把对错当作标准。时间长了，孩子对严厉管教的一方心存惧意，产生误解，很难形成健康、亲密的亲子关系。

降低父母在孩子心目中的威信。夫妻双方你否定我，我否定你，孩子看在眼里，自然会对父母的权威产生怀疑。即使之后父母再和孩子讲道理，孩子也不会听了。

在教育孩子的时候，家长要坚持"坚定而温和"的原则，用温和的口吻说出坚定的态度和立场。温和主要是指口吻和态度，切勿急躁，不要过分指责，拉近和孩子的距离，让他们先从心理上接受父母的指教。坚定就是关于是非对错要有底线和原则，确保给孩子指定明确的、积极正确的方向。

如果夫妻二人本身就有分歧，应先达成共识，尤其是关于孩子的教育问题，一定要有一致的目标。然后明确告诉孩子正确的行为准则，让他能够客观、理智地认识到自己存在的问题。对孩子来说，理想的家庭环境是"爸爸爱妈妈，妈妈爱爸爸，爸爸妈妈爱自己"，如果爸爸妈妈因为自己产生矛盾，孩子心里肯定会惶恐不安。

可能有人会觉得奇怪，过去那么多年，家庭都是以"一个唱白脸一个唱红脸"作为教育模式，也没有出现问题，为什么说它不适合现在的教育环境了呢?

过去各种原因，对子女的教育并没有这么看重，甚至很多家长会采取"随心所欲"的教育模式。但是，随着教育越来越精细化，孩子们了解事物的渠道更多，变得更聪明，也更敏感。如果父母在教育问题中存在分歧，甚至是站在对立面的话，对孩子的教育很难达到预期的效果。

就好比一个人如果有两块时间不同的手表，那就无法知道准确的时间。如果给孩子两种不同的甚至相反的处世标准，就无法形成正确的判断。所以在教育孩子之前，夫妻之间一定要达成共识，这样才能筑起教育孩子的坚固堡垒。

嗬，我的身边竟然睡了一个影帝

周末一大清早，朋友就打电话向我抱怨道："要命了，这么长时间了，我才发现我身边竟然藏着一个影帝！"

我听得一头雾水，问："是哪位影帝呀？"

"还能有谁呀，当然是我家那口子了，嫁给他这么多年了，居然不知道他的演技比影帝还好。"

朋友原本在公司做行政主任，怀孕后，丈夫就劝她回家养胎，孩子出生后做全职主妇，这样可以更好地照顾家庭、照顾孩子，赚钱的重任就由丈夫一人承担。朋友觉得，既然要了孩子，就应该给孩子最好的陪伴，于是便放弃了还在上升期的工作。

在此之后，丈夫每天下班回家后就抱着手机看电影、玩游戏，孩子的事情他从来都不上心，无论是冲奶粉还是换尿不湿，都视而不见，对孩子的哭声也充耳不闻。每当朋友要求他做点儿家务，他都会理直气壮地找借口，说自己上班已经很累了，回家了就不能休息一会儿吗？

电话那头的朋友气呼呼地对我说："昨天晚上孩子尿了，我因为白天带孩子去公园玩，特别累，就想让老公起来给孩子换片尿不湿。结果喊了好几声，他愣是没醒，我气不过，踹了他两脚，他哼哼唧唧地翻了个身，又睡着了。我猛然想起，有一天半夜电话响了，他一下子就坐了起来。于是，我依葫芦画瓢，也拨了老公的手机号。你猜怎么着？他真的醒了，爬起来去接电话。我这才明白，他不是醒不了，而是不想醒，是在装睡。我竟然被他骗了这么久，你说他是不是影帝？那天晚上，我们大吵了一架，今天周末，他也去单位加班了！"

朋友经历的事情十分典型，在生活中，这样的"影帝"太多了。孩子哭了装没听见，半夜喊他给孩子换尿不湿装沉睡，让他做点儿家务装不会。但面对这样的"影帝"，争吵是最好的选择吗？

我丈夫是家里最小的孩子，在结婚之前，从没做过家务，更没照顾过人。

我刚查出怀孕的时候，他激动地说："我要当爸爸了，我要当爸爸了"。

我立刻表明态度："既然有了孩子，我们都要对孩子负起责任来。我负责孩子的物质营养，你负责孩子的精神营养。"

他不明所以，问道："什么意思？"

我说："孩子在我的肚子里，我就负责给他补充营养，你这个当爹的，就要负责给孩子做胎教，讲故事、放音乐什么的。你总不能让我这个孕妇什么都自己做吧……"

老公立刻点头应允。

就这样，不管每天他下班回到家有多累，都会和肚子里的宝宝打招呼，晚上睡觉前给宝宝讲故事、讲笑话，高兴的时候还喜欢唱歌，虽然他五音不全，但每次都让我捧腹大笑。

其实，这就是在恰当的时候把他的责任感无限放大，让原本不能对怀孕感同身受的父亲，认识到在育儿这件事上，他是不可或缺的。

孩子出生后，我就见缝插针地告诉老公，孩子哪里长得像他，是他血脉的延续，让他从心里认识到做父亲的责任。耐心指导笨手笨脚的他给孩子换尿不湿，即便做错了、包得不够好，也坚决不抱怨，鼓励他再来一次。久而久之，他自然什么都会了。等孩子再长大一点儿，就让他单独带孩子，美其名曰"增进父子感情"，而我自己出去放松一天。

现在他每天下班回家，儿子都会立刻跑过去，开心地喊道："爸爸回来了。"孩子喜欢和爸爸一起玩耍，崇拜爸爸，觉得爸爸是家里的保护神。老公为了让孩子继续崇拜自己、黏着自己，自然就会在教育孩子方面多承担一些，而不是做甩手掌柜。

在育儿的问题上，男人天生就比女人的觉醒力低。原因很简单：当女人十月怀胎的时候，会切身感受到孩子和自己的身体紧紧相连，会主动参加育儿讲座；男人没有这方面的体会，所以对育儿讲座总是不以为然，甚至认为是浪费时间。

孩子出生后，女人天生感性，容易焦虑，为了解决问题，会努力学习、全力付出；而男人往往会认为"船到桥头自然直"，所以他面临的不是未来如何，而是孩子眼下要解决什么。

我们认识到男女差异，不是为了抱怨和争吵，而是要想办法帮助他成长，尽快适应爸爸的角色。

爸爸在教育问题上的缺位和动力不足往往有以下几方面的原因。

母权家庭。妈妈过分关注孩子的方方面面，导致爸爸的角色被挤出了家庭中心。比如，爸爸兴致勃勃地照顾孩子，却被妈妈嫌弃，认为他什么都做不好，只会添乱。时间久了，爸爸自然就不再上心，即使被需要也不愿意去做事。

转嫁责任。很多爸爸认识不到自己在孩子成长过程中的重要性，以为只要努力赚钱，给孩子更好的物质条件就是自己表达爱的方式，而陪伴孩子是妈妈应该做的事情。殊不知，对于孩子而言，任何一方的陪伴都不可或缺。

错误观念。很多人都有一个根深蒂固的观念：女人操持家务就是贤良淑德的好妻子，女人打拼事业就是让人望而生畏的女强人；男人想要事业有成就必须是忽略家庭的甩手掌柜，男人在家洗衣做饭就是没有上进心的表现。然而，这种观念是封建思想的错误产物，现实中，能够兼顾工作和家庭的优秀人才不分性别。

严母慈父。有的爸爸为了让孩子能和自己更亲近，就在妈妈教育孩子的时候做老好人，让孩子觉得爸爸是自己的"保护神"。但站在家庭教育的角度上，这属于典型的"不怕神一样的对手，就怕猪一样的队友"。很多妈妈对此都觉得无力，觉得爸爸凭一己之力，让教育效果大打折扣，于是开始限制爸爸参与家庭教育。

总结下来，爸爸不是真的想当"隐形人"，而是有很多因素把爸爸在育儿的路上越推越远。

如何把爸爸培养成育儿主力呢？做到以下几点，就能够让爸爸成为教育子女的"战友"和"伙伴"。

别扣帽子。曾经有朋友向我抱怨："我老公回家后除了做饭，啥也干不好，你说我是不是丧偶式育儿？"我很诧异，因为我知道朋友的老公每天回家再晚，都会帮朋友打扫卫生、做饭，周末也会陪孩子，这怎么能叫丧偶式育儿呢？在我摆事实讲道理之后，朋友才客观地认识到，丈夫在家里承担了很多。其实，妻子不应该抹杀丈夫的付出，有可能他们的付出并不是体现表面上，而是掺杂在琐碎的日常中，所以显得微不足道。我们不能只把注意力放在他们不擅长的地方，而是要肯定他们的努力，鼓励他们做得更好。

调整心态。关于教育子女的问题，我一位男同事曾经说过，他不是不想帮老婆，只是有些事情自己从来没做过，所以总是手忙脚乱的，老婆就说他靠不住。可是他是真的想帮忙，只是有些力不从心。在面对男人做事不够细心、不够熟练的情况时，妻子应该调整心态，毕竟男人也是第一次当爸爸，第一次做这些事情，难免会紧张，妻子可以指导他、帮助他，但是不要打击他的主动性。主动性和惰性几乎是此消彼长的关系，主动性被打击得多了，惰性自然就占了上风。如果妻子能够细心引导和提醒，主动制造机会让丈夫参与到育儿活动中，便是给他成长的空间。

适当示弱。在男人面前，女人天生就是弱者，凭什么做了母亲之后，就连这一点也要放弃呢？适当地在丈夫面前示弱，让他认识到，妻子虽然做了母亲，但仍然是那个需要被他护在身后的女人。很多女性信奉"为母则刚"，觉得自己是孩子唯一的避风港，觉得家庭、孩子离了自己就不行。实际上，"为母则刚"说的是在面对困难时，母亲往往需要更坚强，而不是说要对丈夫更强硬。所以，要适当地向丈夫示弱，给丈夫留出发挥的空间。

夸赞鼓励。在很多影视作品中，我们常常能看到一个任劳任怨却满腹牢骚的妈妈，看到一个天天被数落的窝囊爸爸，妈妈抱怨爸爸懒，抱怨爸爸不做家务，然后爸爸就和孩子会心一笑，谁都不说话，生怕被妈妈当靶子。我相信，在很多家庭中，几乎每天都会上演同样的戏码。因为妈妈总是喜欢大包大揽，无论爸爸做什么，换来的都是妈妈的嫌弃，爸爸被念叨烦了，就会说"我说我做不来，你还非让我做"。任何人做事情都需要被肯定、被鼓励，即便是琐碎如家务，也愿意听到称赞，而不是指责和抱怨。很多妻子忽略了丈夫的心理需求，会让家失去温度，更别提让丈夫参与到育儿中来了。所以，想让男人积极加入育儿行列，就要多鼓励他、称赞他，在他心情好的时候，指出他可以改进的地方，夫妻携手，共同进步。

给予关注。孩子出生以后，两口之家变成了三口之家，家庭关系也需要重新建构。女人出于母性的本能，对孩子投入过多的关注，往往忽略了丈夫的感受。男人从家庭的中流砥柱变成了二线局外人，心里自然会生出失落感。

一味地嫌弃丈夫而不能适当地予以关注，他肯定会淡化自己的家庭角色，让妻子唱"独角戏"。不要忘了，夫妻关系在家庭中排第一位，若是为了亲子关系而忽略夫妻关系，结果只能是得不偿失。

妈妈培育子女的身体，爸爸雕塑子女的灵魂。如果妈妈在育儿的路上走得快了点儿，不能把爸爸甩在后面，要允许他有成长的过程，如果发现他有一点儿进步就及时肯定他。给爸爸参与育儿的机会，只有这样，家庭教育才会向更好的方向发展。

最优质的教育，是做让孩子引以为傲的父母

曾经看过这样一条新闻：一名男子带着 4 岁的儿子去参加朋友的宴席，喝得酩酊大醉。回家的路上，该男子竟然借着酒劲儿跑到一家奶茶店打砸，最后被民警带到派出所约束至酒醒。

在整个过程中，男子的儿子一直战战兢兢地跟在身后。直到民警询问孩子发生了什么的时候，年仅 4 岁的小孩子终于抑制不住内心的恐惧，大哭起来。

被带到派出所以后，男子躺在椅子上呼呼大睡。孩子一直摇着爸爸说："爸爸别睡了，我们回家。"可是男子早就陷入深度醉酒状态，毫无反应。看着昏睡的爸爸，孩子哭喊道："爸爸，真不听话！"这句话出自一个 4 岁男孩之口，真是让人心酸。半夜被带到派出所，原本应该是自己唯一依靠的爸爸却又陷入熟睡状态，孩子肯定又怕又累。

为人父母最重要的一点就是要有责任感，要给孩子做榜样，而不是将孩子置身于不安的状态中。如果因为自己的行为失当让孩子蒙羞，那孩子就很容易产生不安全感。

曾经在短视频平台上看到过这样一个场景：一对母子乘坐公交车，小男孩个子挺高的，刷卡时，妈妈只拿出了自己的公交卡。男孩拉了一下妈妈，但她不为所动，领着孩子就要往车厢里面走。

公交车司机看到后说："这个孩子身高够了，需要买票。"

妈妈一副理所应当的样子，反驳道："不会，我们坐车从来都没买过票！"

司机指着身高尺说："你让孩子过来量一下。"

"不用量也知道，孩子之前坐车都不用买，怎么到你这里就得买呀？"

整个过程，小男孩始终低着头，一言不发。

这只是生活中的一个缩影，相信很多人都见过类似的场景。我就曾经见过一对父母带着小孩坐公交车，三个人各占据一个老弱病残孕专座。下一站上来一位老年人，独占一座的孩子准备起身让座，却被家长死死按住。孩子虽然坐在椅子上，但面容纠结，再无欢声笑语，到最后，孩子甚至用装睡来掩饰自己的难堪。

家长不顾孩子的人格成长，只为一时的蝇头小利，让孩子纯洁的心灵被世俗污染，无疑会给孩子的健康成长带来不利影响，甚至会让他感到不安，得不偿失。

可能有的读者会认为这是在危言耸听，孩子觉得羞愧，怎么还能和不安挂钩呢？羞愧是一种情绪，是一种心理状态，当孩子觉得羞愧时，他心里肯定已经认定这个行为是错误的，需要改正，但家长同样也代表了权威。当孩子意识到"权威"不再正确，并且被其他人指责的时候，自然会形成内心的不安，觉得置身不安全的环境中。

妮妮是我儿子最要好的玩伴，和我家住在同一个小区。她原本是住在爷爷奶奶家，上幼儿园的时候，被父母接到身边生活，就和我们认识了。一次无意中闲聊，妮妮妈向我抱怨，说妮妮在幼儿园里总是被别的小朋友欺负，可妮妮性格温和、内向，不知道该怎么办，只能回家后告诉父母。

然而，遇到这种情况，妮妮妈也没有什么好办法，刚开始还会和幼儿园老师说，老师也会重点照顾妮妮。可是没过几天，几个特别活泼的小男孩又趁老师不注意的时候抢妮妮的点心、拽妮妮的小辫子。

妮妮爸教导她，要大声对那几个男孩说"走开"，被欺负了就要反抗。妮妮在家里说"好"，可是等到了学校又变得"软弱可欺"。妮妮爸也问过爷爷奶奶以前是怎么处理这种状况的，爷爷奶奶就说，让孩子不要和那些调皮鬼一起玩，想玩就来爷爷奶奶家。就是这个原因，妮妮养成了遇事退缩、任人欺负的软弱性格，根本不懂得如何保护自己。

妮妮爸觉得这个方法行不通，又换了一种思路，问她到底在害怕什么，为什么不敢和调皮鬼说"不"呢？妮妮小声地说："不敢，害怕。"怕什么呢？怕被老师说、怕闯祸、怕小伙伴们不喜欢自己……总之，怕的东西太多了，对自己也不够自信。

如何解决这个问题呢？妮妮爸一直在思考，却想不出好的办法。

有一次，妮妮爸趁着周末带妮妮出门逛街，看到交警在路口执法。女儿露出崇拜的眼神，说："警察抓坏人，警察好厉害！"妮妮爸本身是一名协警，但因为不是正式编制，所以平时下班时就把制服留在单位里，穿着便装回家。妮妮不知道爸爸到底是做什么工作的，更没见过爸爸穿制服的样子。

第二天，妮妮爸代替妈妈送女儿去幼儿园，特意穿上自己的制服。妮妮看到后很开心，拍手说："我爸爸做警察啦！也可以去抓坏人啦！"

当妮妮爸出现在幼儿园门口的时候，妮妮高兴地向班里的老师和小朋友们介绍说："我爸爸是警察，是抓坏人的。"

从那之后，妮妮每天都让爸爸送她去幼儿园。爸爸告诉她，警服不能天天穿在身上，尤其是后来妮妮爸转行从事其他行业，更不能穿着制服了。可此时的妮妮已经变得自信且勇敢，根本不在乎爸爸穿什么了。幼儿园老师告诉妮妮的父母，妮妮现在比以前活泼多了，别的小朋友也不敢欺负她了，甚至看到别的小孩子受欺负，她都会勇敢地上前阻止。

因为对父亲的崇拜，妮妮变得勇敢而自信，这说明，以父母为傲的孩子能从父母身上汲取力量，勇敢前行。

我们总是要求孩子要努力、要优秀、要讲礼貌、要成为父母的骄傲。可是我们从来不知道，父母更是孩子的骄傲。他们希望自己的父母乐观积极、能力突出、光鲜亮丽，希望别人讨论起自己的父母时充满敬佩，希望自己的父母是被别人需要的、尊重的、夸赞的。

心理治疗师、"家庭系统排列"创始人海灵格曾经说过，如果孩子钦佩父母，并且知道父母在什么方面有所建树，那孩子就能在心里形成安全感。

如果你的形象在孩子心中是高大的、令人敬佩的，他就会对你很信任。如果你自己经常做错事、说错话、失信于人，孩子也会因为你的存在而感到羞愧，打心眼儿里看不起你。

做一个让孩子引以为傲的父母，工作上认真敬业，生活中坦荡真诚，仪表上端庄优雅，在孩子面前树立一个积极向上的形象。让孩子提及父母的时候，心里充满自豪和骄傲，给孩子的成长提供源源不断的正能量。

父母想要得到孩子的尊重和爱戴，不是简单的唠叨，也不是无怨无悔的付出，而是需要父母不断提升自己、完善自己。如果父母是个有闪光点的人，孩子内心的自豪感便会慢慢升腾，将他的自信心托到一个很高的平台，孩子也会因此而取得更大的成就。

你可以没有很高的地位，但你一定要懂得很多的知识，让孩子以你渊博的知识为荣。

你可以没钱买车买房，但你一定要做一个乐观的人，让孩子拥有积极向上的生活态度。

你可以不是领导，但你一定要做一个重要的人，让孩子知道你是被需要的。

你可以起点不高，但你一定要有拼搏奋斗的勇气和决心，让孩子被你的斗志所感染，从而获得正能量。

真正优秀的父母会努力让自己变得更优秀，做更好的自己，成为孩子的骄傲。如果父母能够为了美好的未来而全力以赴，孩子会以父母为标杆，处处严格要求自己，努力向父母看齐。

能否在物质上高人一等不是最重要的，品质上的高贵更能让孩子引以为傲。

父母无疑是孩子成长过程中的第一张名片，为人父母，我们有责任让孩子在提起我们的时候充满自豪和骄傲。

在孩子的习惯养成中，谁也不是路人甲

在网上看到这样一段视频：一位父亲带着两个女儿在超市里选购商品，妹妹故意撞了一下姐姐，把她手里的东西撞掉了。姐姐要求妹妹道歉，可是妹妹不同意。

父亲走过去，严肃地要求妹妹向姐姐道歉，可是妹妹宁愿躺在地上撒泼打滚，也不愿意说出"对不起"这几个字。

姐姐见状便放弃了，说不要妹妹道歉了。

父亲知道，这是教育孩子最好的时机，就要求妹妹必须向姐姐道歉。他教妹妹如何放松，如何说出"对不起"这三个字。终于，在他的坚持下，妹妹低下头，愧疚地对姐姐说出那句"对不起"。

父亲松了一口气，就在这时，一位女士从后面走了过来，不小心撞了小女儿一下。女士当时在打电话，并没有向小女孩道歉。

小女儿立刻问爸爸："阿姨撞了我为什么可以不道歉？"

大女儿也说："这不公平！为什么妹妹必须道歉，阿姨却可以不道歉？"

爸爸立刻上前去协商，希望这位女士向自己的女儿道歉。可是女士觉得自己不是故意的，而且已经走远了，根本没必要再回去道歉。

虽然这位爸爸极力要求，甚至告知女士自己正在教孩子说"对不起"，请女士给孩子做个榜样，她依然不为所动。

爸爸想要放弃说服女士道歉，两个女儿却不愿意，一直指责爸爸这样不公平。

后来，无奈的父亲找到了超市的保安，让保安帮忙协商。可是女士觉得他们是小题大做，便更加蛮横地拒绝道歉。

无奈之下，保安报了警。警察来了，他们决定以"危害未成年人罪"拘捕这位女士。

这时，小女孩走过来告诉女士说："我知道说对不起很难，因为我刚才也不愿意说，但是你可以尝试。"然后，她学着爸爸的样子教女士说"对不起"三个字。

最后，女士终于认识到了自己的错误，哽咽着说："对不起。"视频的最后，女士和小女孩抱在了一起。

当视频中的父亲告诉女士，自己在教孩子说"对不起"，请她配合一下的时候，女士对此并不重视，认为是小事一桩。她没有意识到，自己的行为可能给世界观形成期的孩子带来负面影响，最终也受到了相应的惩罚。

我们一不注意，就有可能将别人父母日夜灌输给孩子的道理打破。

某天下班回家途中，我在斑马线前等绿灯，旁边站着一位妈妈，领着四五岁的儿子，她正在教育孩子过马路要遵守规则：红灯停，绿灯行，黄灯亮了等一等。小男孩儿唱得不熟练，但很认真地听妈妈讲解。

因为我的单位地理位置偏离市中心，即便在下班晚高峰期，路口的车也不算多。这时，从我们身后走过来一个男子，他左右看了一下，无视还有近二十秒的红灯，快速地往前走去。

小男孩儿奶声奶气地问妈妈："那个叔叔为什么闯红灯呢？"

"这个……"年轻妈妈为难地不知说什么好。

我也好奇起来，想听听这位妈妈会采用什么说辞来教育孩子。

"孩子，这位叔叔可能有急事，所以闯了红灯。但妈妈告诉你，叔叔对我们来讲，绝对是一个坏榜样，因为'红灯停'是规则，破坏了规则就会被惩罚。即使侥幸逃脱，日后被惩罚的可能性也很大。所以我们要做一个守规则的好孩子，你知道了吗？"

小男孩儿点点头。

绿灯亮了之后，年轻妈妈领着小男孩儿从容不迫地走过斑马线，小男孩儿嘴里还哼唱着那首教育儿童如何过马路的儿歌。

我们都知道父母对孩子的榜样作用和潜移默化的影响，却往往忽略了身边人也会对孩子产生影响。

在教育孩子方面，每个人发挥着积极或消极的作用，凡是出现在孩子面前的人都不是路人甲。

如果我们做破坏社会环境的事情，可能就在无意中做了别人教育孩子的坏榜样。

大学毕业那一年，我坐火车到南方工作。坐在我对面的是一对30岁左右的夫妻，带着四五岁的儿子。那对夫妻应该都是受过高等教育的知识分子，一路上给孩子讲历史典故，欣赏风景，认真回答孩子的"十万个为什么"，诸如小鸟会不会停在火车上、蚊子在火车上也是去旅行吗，等等。

他们与我平时遇到的"低头族"父母完全不同，整段车程里，除了丈夫接了一个电话之外，其他时间他们都不看手机，而是和孩子不停地交流。

突然，坐在我们邻座的老人喝水时不小心弄倒了水杯，水溅到了坐在对面的年轻小伙子和中年妇女身上。

老人连声道歉，小伙子说没事，拿出纸巾擦干净就不再多言。可是中年妇女大声斥责道："哎呀，你怎么回事呀？我这可是新衣服，你怎么这么不小心哪……"紧接着就是一连串的抱怨，老人不停地说着对不起。

小男孩儿做了个令人意外的举动，他捡起老人掉在地上的水杯，并放回到小桌子上。说实话，我作为成年人都没有勇气这么做，可能是潜意识里不愿意招惹这个看上去脾气比较火暴的中年妇女。

中年妇女还在喋喋不休时，小男孩儿认真地告诉她："阿姨，你这样不对，老爷爷他不是故意的。他都和你说对不起了，你应该说没关系。"

所有人都愣住了，显然大家没想到孩子会说出这样的话，都把目光集中到中年妇女身上。孩子的父母不好意思地看着她，不知该说什么好。

中年妇女不再说话，脸上一阵红一阵白，拿着行李向后边的车厢走去……

这本是一件小事，但在我心里留下深刻的印象，不禁暗叹：这个孩子的父母一定很注重对他的教育。一个四五岁的孩子见到这种情况，心里肯定很纳闷儿：这位阿姨这样做对不对？当我遇到这样的情况时，我可不可以像这位阿姨一样无所顾忌地指责别人？

中年妇女的做法无疑给孩子树立了错误的榜样。尽管她只是这个孩子一生中仅有一面之缘的过客，但这么几分钟发生的小事，就能动摇父母、老师的教育和灌输。

我们都读过"孟母三迁"的典故，为了给孟子一个健康的成长环境，孟母三迁其家，环境对孩子成长的重要影响可见一斑。在孩子的成长过程中，家庭环境和学校环境的影响固然重要，但社会环境的影响也不能轻视。

做父母的要注意自己在社会中的一言一行，时刻提醒自己不给孩子做坏榜样。因为孩子总归要走向社会，会对社会上形形色色的人和他们的行为产生兴趣。而身处社会中的我们无意中会成为孩子模仿的对象。

我把这些观点说给表妹听，希望她在我儿子面前能够稍微改一改自己的坏习惯。没想到的是，这个刚过青春期的女孩儿不屑地皱皱眉："你也太小题大做了吧，这叫不拘小节，懂不懂？"

我指出："你随地吐痰，或者在马路上翻越栏杆，或者说脏话，都有可能给小孩儿带来不良影响，让他有样学样，他们会误认为，这些坏习惯是被允许和接纳的。坏习惯的种子一旦扎根，想要再除根就得下一番苦功了，如果处理不好，坏习惯有可能会伴随他一生，进而影响下一辈的人，这怎么能是小题大做呢？"

给孩子营造一个积极向上的社会环境，是我们每个人都逃避不了的社会责任。尤其是家里本身就有小孩儿的，亲戚家有小孩儿的，更是如此。

"蓬生麻中，不扶而直，白沙在涅，与之俱黑。"孩子的天性就是喜欢新鲜的事物，也喜欢模仿别人。希望你在他们的成长路上是那个值得学习的人，而不是坏榜样。

孩子的依恋类型决定孩子的未来

下班回到家，儿子像只嗷嗷待哺的小雏鸟，张开胳膊向我跑过来，我也亲昵地抱起儿子转圈。之后，儿子步步不离地跟着我，奶声奶气地喊我跟他玩游戏，被玩具夹到了手，眼里含着泪让我给他吹吹，娇滴滴的样子让我母爱爆棚。

突然，这幅和谐的画面被婆婆的一句话打破了，她说："你不回来的时候，孩子可听话了，自己玩、自己喝水，你一回来就不行了，娇惯得不成样子。"

我便开玩笑地回应一句："妈，专家说这叫安全型依恋关系。是儿子爱我、爱这个家的表现，才不是娇惯呢。"

婆婆听不懂，但一听是专家说的，便不再多言，转身走了。

老话说："孩子看见娘，没事都要哭一场。"同样的道理，很多孩子在看不见妈妈时很听话、很独立，可以自己玩游戏、自己吃饭，甚至还会自己穿衣服。可一看到妈妈，立刻就像是没长大一样，各种撒娇卖萌，就是要在妈妈面前找回做孩子的感觉。不仅是小孩子，有些成年人也会做出这种行为。

所以，每当听到有人把"看不见妈妈一点儿事没有，一看见就闹腾得不行"挂在嘴边，我就觉得很不舒服，难道是妈妈不会带孩子吗？后来，学习了儿童心理学知识，再听到这句话竟然会觉得开心，因为我知道，这是孩子和母亲正在建立安全依恋型关系的表现。

心理学中，"依恋"就是孩子在与他成长过程中的主要照顾者之间建立情感的纽带。

安全型依恋关系是著名心理学家艾恩斯·沃斯提出的一个概念。艾恩斯·沃斯通过设计陌生的情境技术专门用来研究依恋类型，通过多次实验，研究者把妈妈和宝宝之间的依恋行为分为三种，分别是焦虑—回避型、安全型和焦虑—抵抗型。

第一种是焦虑—回避型，约占20%。具体表现为：当妈妈离开时，回避型宝宝并不会表现出紧张和忧虑，妈妈回来，他们也不会理会，表现出忽视和闪躲等行为，对于他们来讲，妈妈的安慰和陌生人的安慰没有区别。

第二种是安全型，约占70%。具体表现为：和妈妈在一起的时候，安全型宝宝会很愉快地玩耍；有陌生人出现，他们会有些警惕，但不会表现出烦躁不安；当把宝宝留给陌生人时，他们会停止玩耍寻找母亲，会哭闹；当妈妈返回的时候，他们会表现得更亲热，热情地和妈妈进行各种互动，情绪很容易被安抚。

第三种是焦虑—抗拒型，约占10%。具体表现为：当与妈妈分离的时候，抗拒型宝宝会感到强烈不安，哭闹不止，难以安抚；当妈妈再次回来时，他们会主动试图去接触妈妈，但对妈妈的安慰行为又会表示出抗拒，甚至会发怒。

孩子有各种需求，但他们只是婴儿，还不太会表达，所以当他们不舒服或是受到委屈，都会通过哭闹或沉默来表达自己需要被关注。如果父母及时理解孩子哭闹背后的深层原因并给予回应，孩子很容易和父母建立起情感依恋。如果父母长期忽视孩子的需求，对孩子的哭闹没有反应，孩子就会形成回避型依恋，会把自己蜷缩起来规避伤害。如果父母双方对孩子的养育存在不同的观点，或者情绪多变，一会儿对孩子亲亲热热，一会儿又冷落他，或者经常更换看护者，孩子就会建立起焦虑型依恋关系。

依恋关系对孩子能力的发展影响很大。

自从情商课程受到重视之后，很多家长都试图通过让孩子多接触关于情商的课程来提升他们的社交能力。其实，后天培养情商的作用十分有限，塑造情商主要是源自孩子与父母的依恋关系。

安全型依恋的孩子自信、有安全感，更容易建立起成熟的社交关系，能够平等、顺畅地与别人进行交流，性格也更乐观、外向。在青春期，安全型依恋的孩子往往比较少出现逃学、打架等叛逆行为，因为他们具备良好的情绪控制能力。

焦虑—抗拒型依恋的孩子缺乏安全感、情绪不稳定，在社交中经常表现出害羞、焦虑等情绪，特别担心其他人不喜欢自己。有时会莫名其妙地大哭大闹，这是焦虑内化以后表现出来的行为，因为他感受不到父母的关爱，企图用这种方式来获得关注。

焦虑—回避型依恋的孩子对周围的人和事比较冷漠，情绪看似稳定，但内心深处敏感多疑，且不会正确表达自己的内心需求。外化的表现行为会显得具有攻击性，如打骂父母、攻击伙伴、欺负弱小。实际上，他们的情绪管理能力比较差。

在这三种关系中，安全型依恋是最健康的。安全型孩子在成长过程中比较自信，认为自己具有探索外部世界的能力，也更能学会如何用正确的方式去爱别人。

从心理学上讲，0~3岁是孩子跟父母建立紧密的依恋关系的重要时间段。

在这个时期，如果父母对孩子缺乏关爱和关注，他就不会跟父母建立起安全型依恋的关系。等孩子长大后，也不会跟父母太过亲密，还很容易叛逆。所以，父母千万不要错过孩子建立依恋关系的关键时期。

关注孩子的需要，及时予以回应。

建立良好的依恋关系，需要父母关注孩子的各种情感表达。0~3岁的孩子语言表达能力有限，有时说话不够流畅，只能用哭闹来表达需求，父母无论在做什么，当孩子有心理需求时，都应该及时予以回应。

孩子是饿了还是渴了？是不是该睡觉了？如果能感受到父母的关注，孩子就会产生安全感和信赖感。反之，如果父母总是忽视孩子的哭诉，他的需求得不到满足，就会建立起不安全的依恋关系。

最好的爱的方式是陪伴。

父母二人都要经常审视自己是不是因为工作而忽略了孩子，没有人能替代父母的陪伴，尤其是在孩子安全依恋关系建立的关键时期，要尽可能地多陪孩子、多关注孩子。

孩子对父母的情绪感知十分敏感，父母高兴，孩子也会跟着高兴。如果父母喜怒无常，突然爆发负面情绪，那孩子也会变得反复无常，时而沮丧时而欢乐。所以，父母要在孩子面前做好情绪管理，避免因负面情绪而影响孩子。

正视孩子的哭闹。

在很多对"熊孩子"的控诉帖子中，最常见的理由就是"哭闹不止"。然而在最开始，孩子的哭闹并不是毫无缘由的，而是为了表达自己的情绪。所以，父母不要表现出厌烦，也不要表现出过度溺爱。对于孩子正确的、需要满足的需求要迅速满足，不让他养成哭闹的习惯；如果是不合理的、超过标准的需求要态度明确地表示：这个事情不行，再通过讲道理、转移注意力等方式避免孩子哭闹。尤其不能在孩子哭闹后，因为心疼或厌烦而去满足他的要求，长此以往，他会认为"哭闹"可以和"获得"画等号，后面他就会用"哭闹"的方式得寸进尺。

美国一所大学的少儿发育研究所的专家、学者做了一项研究，他们选择了一百七十四名孩子，进行了长达六年的跟踪考察，得出了研究结论：在智商基本一致的情况下，孩子对父母的依恋模式与程度是他们日后学术成就最明显的因素。

无疑，相对于焦虑—回避型和焦虑—抗拒型，安全型依恋关系是孩子一生良好人际关系的基础，也是影响孩子学业和事业成就的积极因素。所以，要抓住培养安全型依恋关系的关键时期，即0~3岁这个阶段，做好万全准备，让孩子知道父母是爱自己的，并且是用正确的方式。

敏感期孩子跳跃式发展，稍纵即逝

最近，我快被儿子烦死了。他每天做得最多的事情就是抓着我问"为什么"，考验着我本就不多的知识储备。万般无奈之下，我只好借助百科全书、网页搜索才勉强应付。

我们之间的对话往往是这样的：

为什么会下雨？因为……

为什么水受热会蒸发？因为……

水蒸气为什么也是水？因为……

角龙为什么长三只角？因为……

为什么要适应自然？因为……

…………

诸如此类的问题，他能一直问下去，直到我最后败下阵来，让他赶紧去睡觉。

我一方面因为无数个"为什么"而抓狂，另一方面因为儿子开始动脑筋而欣喜。

其实，这代表着**孩子进入了逻辑思维的敏感期，也是语言的敏感期。进入这个时期的孩子，经常把为什么挂在嘴边，不停地追着大人问各种异想天开的问题。**

如果父母根本不知道有逻辑思维和语言的敏感期，可能就会觉得孩子总问"为什么"特别烦，会拒绝回答孩子、敷衍孩子，最常听到的一句话就是"哪儿有那么多为什么"。

如果家长知道这个敏感期的重要性，自然就会知道该如何应对孩子打破砂锅问到底的十万个为什么：**如果知道正确答案，就引导他、告诉他；如果实在答不**

上来，也如实告诉孩子，然后和他一起去寻找答案。

可能对很多父母来说，敏感期是一个陌生的概念，它究竟是指什么呢？

科学家在通过扫描儿童大脑时发现，**大脑接收外界信息具有一定的时间段，这个时间段被称为"机会之窗"，其实也就是蒙台梭利提出的敏感期。**

儿童教育专家孙瑞雪在《捕捉儿童敏感期》一书中指出，敏感期是指在0~6岁的成长过程中，儿童受内在生命力的驱使，在某个时间段内，专心汲取环境中某一事物的特质，并不断重复实践的过程。她还指出，**顺利通过敏感期后，儿童的心智水平便从一个层面上升到另一个层面。**

抓住了敏感期，会加速孩子的成长，错过了无疑是一个巨大的损失。

敏感期不仅仅表现在逻辑思维、语言能力方面，还包括生活中的方方面面。

邻居家的小女孩儿今年5岁，最近突然变得特别注意形象，还闹着要买新衣服，经常把"要跟幼儿园一个小朋友结婚"挂在嘴边。

女孩儿奶奶觉得小孩子怎么能总说这种话呢？就批评她臭美、不害臊。

有一次，女孩儿奶奶又因为女孩儿模仿妈妈给自己涂指甲油说她学坏了，我听到后实在忍不住，就和她简单说了一些关于敏感期的知识，告诉她，女孩儿应该是进入了爱美敏感期和婚姻敏感期。

进入爱美敏感期，尤其是小姑娘，会开始在意自己的穿着打扮，会不自觉地模仿妈妈，想穿高跟鞋，想化妆；进入婚姻敏感期，是指孩子开始对结婚相关的事情感兴趣，可能还会挑选出一个异性（可能是小伙伴，可能是电视里的某个人物）作为自己满意的结婚对象。

我们需要理解她、包容她，而不是挖苦她、嘲笑她。敏感期的时间并不长，在家长的引导下，她会形成自己关于审美和婚姻的正确观念。

如果家长不知道、不理解，像女孩儿奶奶那样随意批评，甚至是挖苦，一方面会让女孩儿变得自卑，另一方面也可能会阻碍孩子形成正确的审美和婚姻认知。

审美敏感期中，小女孩儿不知道什么才是真正的"美"，只会模仿妈妈的做法，如果家长能够正确引导"适合自己的才是最美的"，告诉她：化妆品有可能会伤害小孩子娇嫩的肌肤，等长大之后再去学习怎么化妆；小孩子不能穿高跟鞋，会影响身体发育。

婚姻敏感期中，小女孩儿可能会喜欢某位异性，尤其是身边的异性小伙伴，最明显的表现就是喜欢和小男孩儿相处，不管是做游戏，还是并排走。

如果男孩儿找了另外的玩伴，女孩儿就会懂得：自己喜欢的人并不一定喜欢自己。在这个过程中，她会感到失落，需要家长引导，让她知道喜欢不是占有，可以再找其他玩伴。

如果小女孩儿找到一个也喜欢和她玩的小男孩儿，甚至在玩过家家的游戏里当爸爸妈妈，那家长可以引导她，结婚是一件很严肃的事情，需要彼此情投意合，就像爸爸妈妈一样。

这些都是她成年后婚姻观的基础，可以对异性、爱情、婚姻形成初步认知，等她进入青春期后，就能理性地看待对异性的好感、身体的反应等。

如果孩子在进入婚姻敏感期后没有得到关爱与引导，而是被取笑、被批评，等孩子长大后，婚恋出现问题的概率就会增大。

抓住孩子的敏感期，就等于抓住了孩子成长的关键期、黄金期。 因为敏感期非常短暂，孩子在这个关键时期内发展特定的人类品质，当敏感期过去后，孩子就失去了发展特定能力的最佳时期。

想要抓住敏感期，需要做好以下几点。

一定要充分认识敏感期。

要想帮助孩子高效度过敏感期，家长首先要对敏感期有一定的了解。如果连家长都不了解，不仅会使孩子失去发展的黄金期，还可能给孩子做出错误引导，抑制其发展。

比如孩子在 2 岁时，会经历对小而精的事物感兴趣的敏感期，可能会捡小石头、彩色纸片等被当成垃圾的小东西，会把它们当宝贝一样紧紧攥在手里。如果家长了解敏感期，就能引导孩子关注更精致的艺术品，培养孩子的审美情趣；如果家长不了解，只会觉得这个习惯不卫生、不安全。

一定要给孩子关爱与包容的环境。

当孩子处在某一敏感期的阶段，往往会表现出对某类事情过分热衷，执拗得让大人不由自主地产生压制他的想法。

以语言发展为例，很多小孩儿在三四岁时会模仿成年人骂人、说脏话，家长以为是孩子学坏了，便用严厉的口吻进行教育。实际上，孩子很可能是无意中听到脏话并模仿出来。这是一件非常小的事情，孩子并不知道脏话代表什么，可说了之后发现大人反应强烈，在他心里就有了这样的认知：原来语言可以引发父母的强烈关注。所以，他会故意说那些能让家长反应强烈的话。

这是语言发展的敏感期，孩子会在此期间广泛学习各种语言。如果父母反应强烈，用激烈的口吻反对，反而加重了孩子的印象，今后也会不自觉地说脏话；如果家长可以包容，反应也是从容不迫，就可以清楚地告诉孩子，这些话不应该从他的嘴里说出来。等度过这段时间，他就会逐渐发现语言的力量，也能分辨出什么话该说，什么话不该说。

一定要积极弥补。

可能各位读者刚刚知道"敏感期"这个概念，不小心错过了也无须太懊悔，我们还有弥补的机会。

如果孩子的敏感期得不到满足，往往会在环境得到改善后进行自我弥补。

所谓环境改善，就是给孩子提供关爱与包容，改变从前只会严格要求、语言训斥的方法。不过，孩子上学后学业增加，弥补的效果并不能得到保障。

敏感期是孩子发展的关键期，所以当孩子对某个对象表现出执着、忘我的状态，请一定要给予关爱与支持，帮他顺利度过敏感期。

以下是年龄与敏感期对应表，个体不同，敏感期出现的时间也有差异，但是它总会出现。

年龄	敏感期	特点
0~2.5岁	视觉敏感期	对明暗相间的地方感兴趣，感知光线变换
	口的敏感期	吃手吃脚，把可以碰到的都往嘴里送
	手的敏感期	反复抓握软的、黏的东西
	走的敏感期	喜欢抓着成人的手跳，喜欢上下楼梯、走坑洼
	空间敏感期	喜欢抓、扔、搬运、垒高东西，喜欢各种洞洞，开始学着旋转、蹦跳、爬高
	细小事物敏感期	喜欢抓握细小的事物，喜欢观察较小的东西
	模仿敏感期	学话、学做家务
	物权敏感期	保护自己的东西，把"我的"挂在嘴边，通过尖叫、咬人、打人来进行自我保护，不分享玩具
	审美敏感期	喜欢完整不被破坏的事物
2.5~3岁	概念敏感期	认识事物并热衷于确认名称
	秩序敏感期	做事情遵循自己的顺序和规则，被破坏会大哭大叫
3~4岁	执拗敏感期	不听劝，做事情有自己的顺序，倔强
	垒高敏感期	垒高、推倒，建立三维立体感
	色彩敏感期	对色彩感兴趣，喜欢区别不同的颜色
	语言敏感期	喜欢模仿，喜欢用一些新奇、有意思的成语
	脏话敏感期	爱说脏话，喜欢诅咒，大人制止越强烈越喜欢说
	完美敏感期	从食物完美到一切事物完美，不允许任何事情出错
	使用工具敏感期	对可以进行画、剪、贴的工具感兴趣
	占有敏感期	保护任何与自己相关的物品
	逻辑思维敏感期	不停地问为什么、是什么
	绘画敏感期（持续到6岁）	专注于画画，用各种工具画画
	延续秩序敏感期	开始知道别人的东西不能碰
	人际关系敏感期（延续到5岁）	物品交换、交朋友
4~6岁	来源敏感期	对生命诞生感兴趣，探寻"我从哪里来"
	情感敏感期	乐于表达自我情感，对别人情绪感知敏感
	婚姻敏感期	想要和父母一方结婚到想和异性朋友结婚
	审美敏感期	对自我和环境有了审美要求，爱美
	数学概念敏感期	对数字、形状、钱等数学概念感兴趣，发展到对数学逻辑感兴趣
	身份敏感期	崇拜某个偶像，比如女孩儿崇拜白雪公主、小红帽，男孩儿崇拜奥特曼、蜘蛛侠
	性别敏感期	区分男女
	音乐敏感期	对乐器感兴趣，喜欢各种音乐环境
	符号敏感期	刚开始对识字、拼读感兴趣，5岁后开始喜欢书写
	自然知识敏感期	对自然界一切都感兴趣，喜欢做科学实验

第二篇　养育不是一帆风顺的旅途

别让恐吓吞噬了孩子的安全感

我们小时候经常被家长恐吓："你再哭妈妈就不要你了""你再不听话，警察就来抓你""你再不穿衣服，感冒了，就带你去医院打针"……

这样的话数不胜数，甚至有很多网友戏称"同一个世界，同一对父母"。然而，家长不知道的是，他们说这些话的同时，也吓走了孩子的安全感。这种恐吓带来的负面影响不会随着时间的流逝而消失，反而印象深刻，甚至会影响孩子的一生。很多成年人的心理疾病都和童年的心理阴影有关，尤其是因为被恐吓形成的心理阴影。

有一段时间，小侄子不敢自己上厕所，每天晚上去厕所一定会叫他爸爸陪着。来我家小住时，就叫我老公陪着。我很纳闷儿，问他为什么？他说怕鬼。

我先是一愣，问："谁告诉你有鬼呀？"

"奶奶说的，她说夜里有很多鬼，专门吃不听话的小孩儿，而且鬼就住在厕所里！"

看着小侄子吓得不敢去厕所的样子，我想起了自己的童年经历。

我小时候特别爱哭，遇到点儿小事就哭，妈妈也总是这么吓唬我，说再哭就会有大老虎来吃人。晚上我想出去玩，她就会吓唬我说不能出门，夜里有鬼，专门吃小孩儿。

小孩子当然会怕鬼，所以我特别害怕黑暗、害怕未知。7岁时，我有了弟弟，妈妈为了喂养还是婴儿的弟弟，安排我吃完晚饭后去奶奶家睡觉。从我家到奶奶家大概要走二十分钟，街道上只有几盏路灯，每天晚上独自走这段路时我都很害怕，便央求妈妈送我到奶奶家。妈妈很不可思议地说："你都当姐姐了，有什么好害怕的？"

我嗫嚅着说："我怕有鬼。"

其实，我对鬼根本就没有什么概念，只是从小听妈妈说，便觉得那是很可怕的、真实存在的东西。

没想到，妈妈露出更不可思议的表情，说："哪有鬼呀？"

"不是你跟我说的……"没等我说完，妈妈就去照顾弟弟了。所以，我只好继续战战兢兢地走在黑暗里，去奶奶家的路也变得更加漫长。

我永远都记得那段没什么光亮的、漫长的道路，一个人孤单地走着，总感觉后背凉飕飕的，似乎有东西跟着我，可我不敢回头。我更害怕路边的草垛里偶尔发出窸窸窣窣的声音，觉得那可能就是鬼发出的声音。现在想想，那应该是刺猬或黄鼠狼蹿过的声音。我甚至不敢加快脚步，似乎那样会被可怕的鬼怪看穿心里的恐惧……

时至今日，那种恐惧我想起来都心有余悸。那段经历给我带来的影响是畏惧黑暗，不敢独自走夜路，不敢独自待在空旷的院子里。

想不到，小侄子继续重复我儿时的经历。我拉着他的手，陪他去厕所，然后肯定地告诉他，世界上没有鬼，如果他害怕可以随时告诉我，我会陪着他。

很多家长都意识到要帮孩子建立安全感，却并不知道自己脱口而出的话可能真的会吓坏小孩，让原本好不容易建立的安全感瞬间被破坏，而破坏比建立要容易得多。

不仅是恐吓的话会让孩子失去安全感，有时候，家长的一句玩笑话也可能会具有同样的影响力。天真可爱的孩子听不出来什么是玩笑，什么是真话，比如家长开玩笑说"孩子是捡来的"，他有可能会当真，并且连续几天都在自我怀疑中度过。

我做过一段时间幼师工作，我带的孩子里有一个小男孩儿，特别害羞，不爱说话，每次和其他小孩儿发生矛盾后也不和老师讲，只会偷偷掉眼泪。我看到后，过去找他说话，他只是低着头躲避我。这个孩子让我既心疼又无措，心疼他这么小就把心事藏起来，无措是不知该如何让他敞开心扉。

有一天放学，我和他妈妈聊天儿，意外听说他在家里活泼可爱，一点儿都不内向。那为什么孩子在家和幼儿园会有截然相反的表现呢？于是，我经常和他聊天儿，带着他一起做游戏，鼓励他和其他小伙伴接触。

经过一番努力，第二学期时，他不再躲着我，也慢慢对我敞开了心扉。他说，他妈妈告诉他，在幼儿园里一定要听老师的话，如果像在家时那么不听话，老师可没有妈妈的好脾气，会打人。所以，在他心里，幼儿园和老师是可怕的存在。

我这才恍然大悟，原来造成这一切的根源是他妈妈的恐吓，让孩子对老师产生了误解和恐惧，以致他在面对老师时很没有安全感。

我拉着他的手，问："那你觉得老师可怕吗？老师打过你吗？"

小男孩儿认真地说："没打过，老师一点儿都不可怕。"

"那你回家告诉妈妈，说老师很爱护小朋友，不打人。不过，你在家也要听妈妈的话，如果觉得妈妈说得不对，不要哭闹，直接告诉妈妈自己是怎么想的就行，好不好？"

第二天妈妈来送小孩儿时，我和她聊了一会儿，告诉她孩子这段时间的表现和转变。孩子妈妈吃惊地说："我没想这么多，就是觉得老师代表威严，如果告诉孩子老师很严厉，他会因为害怕而更听话一点儿。后果有这么严重吗？"

"你这样做，不仅让孩子对老师产生畏惧心理，还会让孩子因为害怕老师而对学校产生畏惧心理，若是再严重一点儿，甚至有可能厌学。所以，你觉得呢？"

孩子妈妈只是想暂时用老师震慑住调皮的孩子，然而，这种对老师的误解可能会伴随孩子整个求学生涯，进而影响孩子的成绩、人际关系，后果比我们想象的要更严重。

不要吓唬孩子，不要说如果他们不听话，警察叔叔会来抓他们，而是明确地告诉他们，有困难及时报警，警察会保护他们。

不要吓唬孩子，不要说不好好吃饭就带他们到医院打针，这样会让孩子对打针产生畏惧心理，等到了真正需要打针时，他们会极力抵抗。

不要吓唬孩子，不要说他不听话老师会惩罚他，这样会让他对老师心生惧意，甚至会影响学习，产生厌学心理……

恐吓会让孩子变得敏感多疑，缺乏安全感，让他们对很多事物产生错误的认知，以致不信任身边人，不管是老师还是父母。恐吓式教育弊大于利，请不要图一时方便，就随口恐吓孩子。

对待孩子欲望的态度会决定孩子的人生轨迹

一位母亲拿出两个苹果问大儿子："你要哪一个？"

他刚想说要大的，弟弟却和他一起说出了同样的答案，都想吃大的。

母亲听了之后，就对大儿子说："你怎么这么不懂事，都当哥哥了，也不知道让着点弟弟。"

大儿子赶紧住了嘴，眼睛一转，懂事地说："我要那个小的，把大的留给弟弟。"

母亲立刻欣慰地说："还是你懂事。因为懂事，所以把这个大的奖励给你。"说完，便把大的苹果给了他，小的给了弟弟。

他心里就会产生这样的想法：原来想要得到东西，必须撒谎才可以。

另一位家长同样拿了几个苹果，想要分给孩子们，三个孩子争先恐后地说想要最大的。

她把苹果举过头顶，指着屋子里散落一地的玩具，说："不如我们进行比赛吧，谁先把自己弄乱的玩具收拾好，谁就可以优先挑选苹果。"

通过比赛分苹果？孩子们很兴奋，摩拳擦掌，跃跃欲试。

在比赛中，一个孩子通过努力第一个完成了任务，也如愿吃到了最大的苹果。他明白了一个道理：原来想要获得喜欢的东西，必须付出努力。

长大后，第一个孩子学会了欺骗、打架，甚至抢劫，最终锒铛入狱。

第二个孩子在成长过程中努力、诚实，最终成为社会精英。

这是一位著名心理学家为了研究母亲在孩子的成长过程中发挥怎样的作用而进行的一项调查。他在全国选取各界最成功的五十人，又在监狱里选取了五十名囚犯，请他们用书信谈一下母亲在自己的人生路上发挥了什么作用。

上面两个分苹果的案例就是从来信中挑选出来的。相同的是，他们都对小时候母亲分苹果的事情印象深刻，不同的是，因为母亲的处理方式不同，所以他们的世界观、价值观和人生轨迹也截然不同。

每个人都有欲望，这是天性使然，小孩子也不例外。孩子本性善良、单纯，遇到喜欢的东西挑选最大、最好的，这是十分正常的。而且，他们直接说出自己的真实想法，不加掩饰，这也是单纯的表现。

家长不要过分压制孩子的欲望，尤其是有些表达合情合理，比如他想要糖果，想要买件漂亮衣服，想要去尝试做什么，等等。如果这些诉求是合理的，父母可以无条件满足，或是作为奖励满足；如果这些诉求超出了自己能够承受的范围，或是有了攀比的苗头，父母可以通过引导、转移等方式让孩子懂得不是所有欲望都必须得到满足。

就像前面的例子中，大的苹果对于孩子来讲是十分美好的、有吸引力的东西，每个人都希望自己能得到最好的，这一点无可厚非。但是第一位妈妈希望用谦让抑制孩子的欲望，只是为了满足"懂事"的外在印象，而非自愿行为。这么做不仅达不到教育效果，反而间接告诉孩子，可以通过撒谎、掩饰内心真实想法的方式去满足欲望，达到目的，从而产生了错误的暗示：欲望需要通过欺骗来满足，所以他在长大后都是用不正当的方式达到目的。

第二位妈妈能够正视孩子的欲望，她不以孩子直接说出内心的想法为耻，而是采用引导的方式告诉孩子，欲望必须通过自己的努力去拥有。让孩子学会努力、正直、阳光的优良品质，在孩子的成长路上发挥了积极的作用。

汉朝淮南王刘安在《淮南子》里曾经说过一段非常有意思的话：**"今夫儒者，不本其所以欲，而禁其所欲；不原其所以乐，而闭其所乐，是犹决江河之源，而障之以手也。"**意思是说，现在的儒家学者不探究人们产生欲望的根源，只是一味禁止人们的欲望；不探寻人们追求快乐的由来，只是一味地阻止人们享受快乐。这种做法就像放开江河的源头，却妄图用手去阻挡江流一样。

所以，家长在面对孩子的欲望时不要大惊小怪，更不要把欲望当洪水猛兽，让孩子以欲望为耻。不能强堵，要巧疏，如果没有正确的途径抒发，只会让孩子将欲望掩盖起来，用其他不合理的方式来满足，反而会引发更大的麻烦。

我们都听过"小时偷针，大时偷金"这个典故。有一个小孩在邻居家偷了一根针，母亲装作没看见，也没有进行制止和疏导，孩子愈发胆大，长大了去偷别人的金子，被官府捉住砍了头。在行刑前，他要对母亲说最后一句话。母亲凑上前后，他竟然将母亲的耳朵咬掉。母亲问他为什么要这么做。他说自己怨恨母亲在自己偷针时没有及时教育他，让他自幼就染上偷窃的恶习，以致在犯错的路上越走越远。

每个人都有欲望，欲望是一把双刃剑，它既能给人奋斗的动力，却又容易欲壑难填。欲望在孩子的成长过程中发挥的是积极作用还是消极作用，主要是看家长如何引导。

良性的欲望，我们可以称之为愿望、理想，是达成目标的内驱力。比如，孩子想获得第一名，获得荣誉证书；比如，孩子想去旅游景区游玩，收获美好的回忆……这些愿望在一定程度上丰富了孩子的精神世界，满足了孩子的心理需求。

也有一些恶性的欲望，比如，他会觊觎别人的东西，总觉得别人的东西好，想占为己有；比如，孩子到了公共场所，会无意识地破坏公物，他还没有足够的判断力来分辨是非对错，所以他不知道这样做是不对的。因此，需要父母就他的错误行为进行教育和引导。合理抑制欲望，不可影响他人，这就是标准，不然你的孩子就真的成了人人厌恶的"熊孩子"了。

合理的欲望及时满足，不合理的欲望要用规则来引导。规则之内，让孩子去努力争取，规则之外，告诉孩子界限，让他知道是非对错，知道什么能做，什么不能做。

积极向上的价值观是满足欲望的保证。家长要客观引导孩子，让他形成正确的认知：自己想要的东西要靠努力去争取、去拼搏，不属于自己的东西要学会放手。

欲望能够成为人们奋斗的动力，合理满足欲望也能够收获成就感和幸福感。所以，家长不要对孩子的欲望讳莫如深，而应该积极引导，把它当作孩子成长的阶梯。

你被你家"熊孩子"威胁过吗

　　小区里有一条景观河蜿蜒而过，两旁种植着碗口粗的柳树，在靠近小区门口处修建了一座石桥。这是整个小区最美的地方，平时有很多老人小孩儿都喜欢在这里玩耍、聊天儿。从我家的窗户恰好能看到那里，我也很喜欢坐在窗边看书，看累了就看看那处风景，放松精神。

　　一天，我和儿子坐在飘窗上看书，突然听到窗外传来一个十分尖利且突兀的声音："你再过来，我就跳河！"是一个男孩子的声音。

　　我吓了一跳，赶紧探头向外看。只见一个六七岁的小男孩儿站在河边，正在抽泣，还十分警惕地抬头看着大路。路上站着一个拿包的妇女，应该是孩子的妈妈，她紧张地劝道："你过来，你过来我就给你钱。"

　　"我不！我就不！你过来我就跳河！"当孩子歇斯底里地重复"要跳河"这句话时，孩子的妈妈更害怕了，各种道歉认错，承诺许愿，好言相劝。孩子仍不为所动，杵在河边哭个不停。

　　小河边的护栏长年风吹日晒又年久失修，很多地方都出现了断裂。小孩子如果动作幅度稍微大一点儿，很容易掉进河里去。现在河水约有一个成年人的身高深，对一个孩子来说很危险。我的心也紧张起来，害怕孩子妈妈进一步刺激孩子，跳下去可不是闹着玩的。

　　幸运的是，经过孩子妈妈一番努力，孩子终于不再抵制妈妈靠近他，孩子妈妈看准时机，一把把孩子拉过来，照着屁股打了过去。

　　"我叫你不听话！我打死你！"说完，使劲拉着孩子的手走了。孩子挣了几下，没有挣脱，气得又号啕大哭起来。

　　几乎是围观了全程的我对孩子母亲的教育方式很不赞同，孩子本来就情绪激动，这个时候采取这种教育方式，只会导致孩子越来越情绪化。

"妈妈，小哥哥怎么了？"儿子奇怪地问。

"小哥哥想起了伤心的事，在小河边安静地待一会儿就没事了。"

"阿姨为什么要打他呢？"儿子脑子里装着十万个为什么。

"因为小哥哥这样做是不对的，小河边很滑，很危险，他应该把事情跟妈妈说清楚，不然妈妈多担心哪。他的妈妈为了让他记住这个道理，所以打他。就像我想让你记住什么事情就让你多说几遍是一个道理。"

想起了之前看到的一则新闻：学校里，有一个小学生突然爬出窗外，消防员很快赶到现场。

到底是怎么回事儿呢？据班主任讲：小朋友想买个手机，向老师要钱，老师自然不可能满足他的要求。趁着老师给家长打电话之际，他就靠近窗户，并要求老师给他三千元买一部手机。最后，男孩儿经劝说爬进教室。

在现实生活中，这种孩子威胁父母或老师的场景很常见。

在商场里逛街时，我曾经见过一个小孩子在地上打着滚喊道："你不给我买，我就不起来！"

在学校门口听到过："不给我买新书包，我就把这个旧书包扔进垃圾桶里！"

在游乐场里听到过："你不让我玩这个，我就不回家！"

如果追溯源头，孩子威胁父母的情形一般发生在以下三种情形中：一是父母没有给孩子合理表达自我意愿的渠道；二是自己的诉求没有得到父母的满足；三是父母在拒绝孩子的时候不能让孩子信服，留下商量的余地。

那么，孩子是如何学会威胁父母的呢？

在亲子沟通中，父母常常说"如果你……我就……"，让孩子以为做什么事情都是可以讲条件的。"如果你今天乖乖去幼儿园，下午妈妈就带你去买玩具""你如果快点儿完成作业，我就给你钱去买零食"，这无疑是在向孩子传达一个信息：如果他不想去做什么事，必须通过诱导（讲条件）才能做好。

如果父母在教育孩子的时候容易妥协，在孩子哭闹、打滚的时候对孩子提出的要求都予以满足，长此以往，孩子就学会了通过威胁大人的方式来达到自己的目的。

有的父母在孩子哭闹的时候会采用极端武力的处理方式，容易诱发孩子的抵抗心理。在下次面对相似的场景时，孩子会采用更强烈的方式威胁父母。就像开头讲到的那个妈妈，在把孩子劝好以后，却用打骂的方式惩罚孩子，而不是去疏导孩子的情绪，容易诱发更激烈的反抗。

还有的孩子做出威胁父母的行为，是受影视剧中某些桥段的影响。我们在看电视的时候，经常看到某些人向伴侣或者其他亲人提出很难做到的要求，被拒绝后往往恼羞成怒，甚至以死相逼，直到对方不得不答应自己的请求。耳濡目染之下，孩子有可能也学会了这种处事方式。

有一次在邻居家串门，邻居家孩子威胁他爸爸："如果你不给我玩手机，我就光看电视不上学！"

孩子爸爸本来因为孩子沉迷于玩手机正生气呢，听到这句话后突然笑了。

我不解地问："你笑什么？这个时候不应该气愤吗？"

孩子爸爸自豪地说："学会用威胁别人的方式来达到自己的目的，是孩子变聪明的表现！"

不可否认，孩子认识到自己可以通过提条件的方式达到目的是智商发展的表现，但是作为家长，是不是应该引以为傲，任其发展呢？

肖肖是个独生子，在他很小的时候，爸爸妈妈只顾忙着赚钱，找了保姆照顾他的日常起居。出于没有时间陪伴孩子而产生的愧疚感，他的爸爸妈妈从小对他有求必应。

上高中之后，他开始逃学，在家整天整夜地玩游戏。他的父母这才急了，逼他去上学。他说什么也不去，甚至说："如果你们再逼我，我就去跳楼！"

孩子本身就执拗，又正值青春期，什么事情都有可能做得出来。他的父母不敢强迫他，只好任由他在家混日子。

尽管肖肖的父母事业有成，可是有一次他妈妈泪流满面地对我说："我愿意用一切换回陪伴肖肖的时间，好好教育他。"

对孩子威胁别人的小行为充耳不闻、任其发展，有可能让孩子变本加厉，用生命和死亡来威胁别人。

如果不理会孩子的威胁，孩子有可能真的做出让大人后悔的事情，可是轻易妥协又怕孩子变本加厉。所以对孩子威胁家长的行为，还是从源头开始预防比较好，像肖肖这样就很难再控制了。

父母要反思自己，是不是没给孩子表达自我意识的渠道，无形中"逼迫"孩子采用极端的方式来表达自己的需求。如果有，应该给孩子提供更加民主的家庭环境，让孩子的意愿得到充分的表达。

作为家长要提醒自己，少用提条件的方式要求孩子去做什么事情。三流的父母当保姆，二流的父母当教练，一流的父母当榜样。父母少提条件，孩子也会受影响，减少威胁父母的行为。

我们对孩子的情绪要认可和尊重，对孩子合理的要求要满足，不能立刻满足也要告诉孩子原因。对于不合理的要求坚决说"不"，让孩子知道没有回旋的余地。

如果孩子任性哭闹、不听劝告的时候，可采取暂时隔离、冷处理的方式，让孩子知道家长的决心。同时，给孩子空间和时间让他将心中的愤懑、不满等情绪发泄出来。

想要避免孩子用死亡要挟父母的行为，必须从小对其进行生命教育，通过讲述尊重生命的故事、阅读相关绘本、观看敬畏生命的影片等，让孩子认识到生命的可贵。

小心孩子染上习得性无助

办公室的同事张姐最近总是哈欠连天，向我们诉苦，孩子上了小学以后，每天做作业都要做到十点多，等洗漱完睡觉的时候得十一二点，所以每天都觉得睡不够。

我很纳闷儿地问："小学生作业也这么多？老师怎么会给孩子这么大的压力？"

"不是作业多，而是尧尧不愿意写作业，一会儿说头疼，一会儿又说渴了，总之就是各种拖拉逃避。"张姐发愁地说，"我都不知道该怎么办了，给他辅导作业他还嫌烦，数落急了就说'我就是不会，我就是不会'。拖拖拉拉几小时，写的作业也是一塌糊涂，潦草应付。"

"尧尧挺聪明的呀，怎么会不会写作业？跟不上吗？"

"以前是挺聪明的，不知道为什么现在越来越不入门了，什么课还没上就先说自己不会！成了大笨蛋了！"

突然想起来有一次去张姐家做客，尧尧正在搭积木。张姐一边和我们聊天儿，一边"指导"尧尧："这里用这个颜色不好看""屋顶不能歪""你怎么这么笨呢，才搭了这么低就歪了"。尧尧玩积木的兴趣和信心就这样一点点被消磨掉了，跑到一边去看电视。张姐不明所以，还对我们抱怨："这个孩子什么也玩不长，没点儿耐心！"

联想到这些，就知道为什么会出现这种情况了。极有可能就是张姐在家庭教育中的失误造成孩子患上习得性无助。并不是孩子真的不行，而是事先给自己设定障碍，认为自己不行。

所谓习得性无助，是指如果孩子重复失败或者被惩罚，就会产生无助感，这种无助感是孩子在学习过程中逐渐形成的一种对现实的无望和无可奈何的心理状态。再次遇到相同的情况时，孩子就会产生恐惧心理，自信心受损，甚至破罐子破摔，不再付诸努力。

每个孩子刚出生的时候，对这个世界都充满了好奇和探索欲，他们观察所有的事物，爬着去触摸所有看到的东西，想把一切都研究透。如果这个时候你大喝"这不能碰，那不能碰"，孩子就会形成心理反射：这些东西我都不能碰。孩子觉得自己不能控制自己，无法掌控生活，会慢慢产生一种消极无望的情绪，长此以往，甚至会导致抑郁。

孩子的学习压力较大，习得性无助往往无处不在，如果有一门功课学不好，每次都被家长或老师批评，被同学鄙视，孩子对这门功课的信心就会被慢慢摧毁。

无助感一旦形成，有可能会迁移泛化到其他学习活动中，孩子做什么都没有信心，在心里默认自己这也不行，那也不行，什么都做不成。孩子认定付出努力对结果不会产生正面影响，这种绝望情绪蔓延，自然就失去了战胜困难的信心和意志力。

做事情的时候自我效能感低，孩子自然对能否利用自己所拥有的智能去完成某一学习行为缺乏信心。遇事恐慌、逃避，不去发挥主观能动性，可以做到的事情也无法正常发挥，最终形成恶性循环。

舅妈是一个很要强的人，她希望自己家过得比亲朋好友家都强，于是对自己要求很严格，拼命工作赚钱。

她对表弟的要求是事事做到最好，当然也包括学习成绩，必须考第一名。可是表弟偏偏"不争气"，学习成绩一直不是很突出，处于班里的中下游。

舅妈心里很着急，每天下班回家后就守着表弟做作业，张罗着给表弟买各种辅导书。无论表弟要买什么东西，她都会说："考第一什么都给你买，不考第一什么也别想要。"每次考试后，即使老师不公布成绩，舅妈也会想方设法去打听表弟的成绩和排名。如果表弟考得好一点儿，舅妈会说还是太靠后，比第一名差十几分呢。如果表弟没考好，舅妈准能唠叨好几天：才考这么点儿分数，怎么上好大学……

一番折腾下来，表弟不仅学习成绩没上去，反而产生了厌学情绪，对考试有一种不可名状的恐惧，快考试了就生病，不是拉肚子就是感冒，等考试结束，身体就好了。

表弟对我说，不管自己怎么努力，成绩就是提不上去。他觉得班里每个同学都比自己强，他们不怎么学习都可以轻松取得好成绩，而自己这么笨，再努力也没用。舅妈的唠叨更让他心烦，索性破罐子破摔，任凭成绩一路下滑。

沾染上习得性无助的孩子在对失败进行分析的时候，容易把失败归因于内在的、稳定的、普遍的原因，一般是智力因素。认为出现问题都是自己的错，自己付出再大的努力也于事无补，索性任其发展，不再努力，越挫越怂。这个问题产生的后果会破坏生活的方方面面。

失败者找原因，成功者找方法。不认为失败是源于自己无能的人在面对问题的时候，不会陷入悲观、绝望的境地，而是调整自己，寻求方法，越挫越勇，也更容易走向成功。

逃避就像鸵鸟将脑袋埋进沙地里一样，除了暂时麻痹自己，对于事情的解决毫无益处。那么，父母在家庭教育中如何帮助孩子避免习得性无助呢？

孩子遭遇失败之后，内心已经很失落、很挫败了，这个时候，需要父母多加开导，而不是指责和打击。过多地指责无异于在孩子伤口上撒盐，不仅不能让孩子重塑信心，反而会让孩子更失落，对自己不自信。爱指责的父母，塑造不出自信的孩子。

更不能因为孩子偶然出现的错误就断定他在某方面没有天分，一旦贴上某方面不行的标签，再想重塑孩子的信心就难上加难了。如果孩子给自己贴上"失败是因为智力不高"的标签，那他就容易放弃尝试和努力，遇见困难就当"逃兵"。

要对孩子进行积极的评价。当失败出现的时候，通过回忆孩子曾经取得的成绩，让他明白失败并非自己智力有问题，引导孩子把失败的原因归于可改变因素，而不是自己的智力因素。

　　从身边小的、易做成的事情开始，让孩子品尝到胜利和成功的滋味，同时给孩子一些奖励和鼓励。成功最能唤醒孩子的学习兴趣、提升学习动力。比如孩子成绩在班里偏下，可以给他制定一个小目标，下次自己多考多少分，不去和别的优秀的学生比，而是和之前的自己比。把注意力放在超越别人上面容易产生无望感，不如超越自我。

这十句话你小时候最不爱听，你却在跟孩子说

你是否还记得自己小时候最讨厌听到爸爸妈妈说的一些话？他们像唐僧一样一遍又一遍地重复着那些让人讨厌的话语。

有时候，我们忘了他们说这些话的场合、用意，却学会了他们说话的语气和表情，然后在无意之中将这些复读给自己的孩子。

第一句，你看看人家谁谁谁，再看看你。

小的时候，邻居家姐姐总是考第一名，而我却连一张奖状都拿不回来，妈妈就会说："你看看你文文姐姐，回回考第一名，你再看看你，每次连中等都算不上，学都白上了！"再后来就是"一样听课，为什么人家考一中，你却考二中"，大学的时候又变成"人家的大学多好"。这样的"紧箍咒"伴随了我整个求学生涯。

永远有人比你的孩子优秀，当你在夸奖别人家的孩子时，无意中就透露出对自家孩子的嫌弃和厌恶。

第二句，你都这么大了，不能让着弟弟妹妹吗？

家里有了二胎，你感觉精力不足，二宝的吃喝拉撒睡已经让你应接不暇。偏偏大宝这个时候也问题百出，不是和二宝吵架，就是跟你无故吵闹，你心里立刻蹿出一股无名怒火，"你都这么大了，不能让着弟弟妹妹吗"这句话脱口而出。

你自认为对两个孩子一样喜爱，可在大宝眼里，本来在父母怀里独享这份宠爱，突然来了一个小小人，比他更需要父母，父母也似乎更宠爱他，内心的失落感可想而知。这个时候，你再说让着弟弟妹妹的话，无异于火上浇油，不仅不会让孩子变得更懂事，更体谅你，反而会激起他的叛逆之心。

第三句，你再不听话就不要你了。

每个孩子都有自己的独立意识，你越不想让他做的事情，他的好奇心越重。

你用"不听话就不要你了"来威胁孩子事事听从你的命令，刚开始孩子可能心存惧意，听从于你。可是这样几次以后，孩子知道你只是口头说说，并不会真正行动，便把你的话当作耳旁风，该干什么干什么。你会觉得，这孩子怎么那么皮，你说了那么多遍都不听。你没有意识到，是你毁掉了家长在孩子面前的威严。

而且，你对孩子说不要他了，容易消磨他对你的信任感、依赖感，也容易让孩子失去安全感，百害而无一利。

第四句，你以为我养你容易呀？

我赚钱供你吃，供你喝，你还一点儿都不体谅我，你以为我养你容易吗？

请不要将你对生活的不满传递给孩子，而是要告诉孩子，你努力为家庭奋斗，幸福感爆棚，投身工作实现了人生价值，通过自己的劳动获得报酬，生活很充实。

牢骚和抱怨于事无补，你必须在孩子小的时候就教会他感恩。感恩教育不仅能让孩子体谅父母，还能增强他的幸福感，也能养成喜欢帮助别人的习惯。

第五句，你怎么让别人给打了？真没用！

孩子之间发生冲突是很正常的事情，就像大人之间也会有不愉快一样。不同的是，大人的理智和自我控制能力比较强，发生不愉快的时候能够控制自己的行为。可是孩子情绪外露，发生冲突时，免不了口头争吵和动手动脚。

合理应对争吵，有利于孩子学会应对纷争，处理矛盾。

我们要让孩子明白，不能用暴力解决问题，遇到事情时要想办法寻求和平、合理的解决方法。

然而，不推崇暴力不等于没有暴力，我们还要教会孩子提升自我防卫意识和力量。教育孩子在遇到危险时要想办法求助，在求助无果的情况下，尽力保护自己。如果孩子受到了伤害，请给他一个温暖的怀抱，不要一味地指责孩子，否则，无异于在孩子伤口上撒盐。

第六句，你怎么那么笨哪？

孩子做事不成功的时候，请多一点儿耐心，不要指责孩子，让孩子失去尝试的兴趣。

这种无意识的负面暗示会让孩子信以为真，在潜意识里认为自己真的很笨。

一旦你给他贴上"笨"的标签，他们脆弱的心灵就会留下不可磨灭的阴影。

孩子需要赏识，渴望得到别人的肯定，我们既要让孩子享受成功的乐趣，也要让他有直面失败的勇气。在孩子做不到的时候给他打气，帮他想办法，而不是在旁边奚落他。

失败没什么大不了的，我们要让孩子在失败中吸取教训，积攒力量，继续努力。

第七句，哭哭哭，就知道哭，再哭出去！

在公共场合经常看到家长制止哭泣的孩子，他们无所不用其极，哄骗、吓唬，甚至打骂，似乎哭泣是一种罪，是一件很难堪的事。

孩子哭是一种精神发泄，不应该视为洪水猛兽。孩子哭的时候，如果家长第一时间不是想着去理解安慰孩子，而是想方设法去制止孩子哭泣，这样就会压制孩子的负面情绪。

第八句，这都害怕，你怎么这么胆小哇？

记得小时候我不敢走夜路，会求母亲陪着我。可母亲很不理解，她说："有什么好害怕的，都这么大的人了。"我只好内心惶恐地独自走在黑漆漆的夜里。童年留下的阴影导致我直到现在仍然害怕黑夜。

恐惧是儿童的正常感受，骂孩子只会加重其内心的恐惧和对自己的否定、怀疑。当孩子感到害怕恐惧的时候，最需要的是家长的安慰和支持，而不是否定和责骂。

第九句，我说不行就不行，哪有那么多为什么！

一个孩子坐旋转木马，他父亲把他放在最里面一排的一个木马上面，可是他不喜欢，便央求父亲把他放在外面的木马上。父亲断然拒绝了他："把你放在哪里，你就坐在哪里，怎么那么多事呀！"

虽然孩子闭了嘴，但很明显，他并不是真的信服了父亲，而是对父亲的独断专行很不满，满脸不高兴，坐木马的乐趣也因此减少了许多。

每当孩子想做什么的时候，如果不合父母的心意，父母往往会简单粗暴地制止，而不是和风细雨地劝说。

然而，这种制止会让孩子认为父母专制、不讲理。在这种粗暴、缺乏民主的环境中长大的孩子容易敏感脆弱、胆小自卑。

第十句，这个太贵了，我们买不起。

在超市里遇到一对母子，儿子看中了一套四十八色水彩笔，要好几十元，母亲嫌贵，儿子坚持想买，母亲便开始指责孩子："这个太贵了，我们买不起，我每天辛苦工作，挣的钱得供你吃、供你喝，你还要买这么贵的东西。我们要二十四色的吧，便宜得多呢！"

面对母亲这种随口而来的指责，儿子显然很失望。

这个太贵了，我们家里没钱。

我们是穷人，用不起这么贵的东西。

这个要很多钱，我们穷人买不起。

…………

这种哭穷式的教育也许可以给你塑造一个节俭、懂事、不大手大脚的孩子，但是这种印记一旦形成，造成的负面影响可能会伴随孩子一生。孩子长大后容易压抑自己的正常需求，性格也比较自卑、内向。另一个极端就是长大后对物质极度渴求。

遇到这种问题，可以从东西的价值方面来劝说孩子，而不是一味地哭穷。

类似这十句话，你在父母那里听到过几句，又无意之中复读给孩子几句呢？

别把孩子培养成人人喊打的"熊孩子"

我看到一则"7岁男孩儿开学仅4小时就被校方劝退"的新闻，顿觉惊讶。为什么孩子刚上学4小时就被劝退了呢？

事情是这样的，开学当天，一位爸爸带着录取通知书将儿子送到学校上一年级，可令他没有想到的是，他离开学校没几小时后，便接到了儿子班主任打来的电话，要求家长去学校一趟。到学校后，老师说孩子太过调皮，学校管不了，让家长把孩子接回家。

对此，班主任解释是因为担心孩子的安全问题，这个小男孩儿太调皮好动了，总是到处乱跑，几名老师都来劝说但毫无作用。他们担心很难把孩子照顾得尽善尽美，请家长带回家先教育好再送进学校。

我们姑且不论学校让家长把孩子先带回家教育好这样的做法是否合理，但是学校招收了这么多名学生，偏偏劝退了这一个，再加上从几个老师都管不了这一点来看，孩子的家庭教育存在问题。家长没能让孩子适应社会，是溺爱和放纵双重的错误教育，甚至是不教育的结果。

你对孩子的放纵和不管教只会养育出一个肆无忌惮、藐视规则、随意放纵的孩子。虽然这样做当时看似占了便宜，但是长远来看，现实会让他吃更大的苦头。

比如，孩子失去了入学的机会，还被人人厌弃……

你不教会孩子遵守规则，孩子就会被规则惩罚……

熊孩子的出现，其实就是家长教育缺位或者教育思想出现了问题。如果能对孩子的行为进行合理规范，他们都可以成为教养很好的天使。

和表姐一起到海边旅游，我本来很担心，因为她带着两个孩子，一个 6 岁一个 8 岁，都是最闹腾的年龄。真怕他们不适应 3 小时的火车，会闹腾不止。

上火车的时候，发现表姐带了很大的一个行李箱。我开玩笑地说："你这是要把家也带着吗？"

表姐笑着回道："待会儿你就知道了。"

上了火车，表姐家的两个孩子觉得很新奇，他们摸摸这里，碰碰那里，满眼都是兴奋。

不过，表姐很快就让他们坐在座位上，严肃地说："大家坐火车都要休息，你们不可以在车厢里大声喧哗！"

两个孩子很认真地点了点头。表姐从行李箱中拿出两本故事书，两个孩子安静地看起来。过了一会儿，他们可能看累了，放下故事书。表姐拿出零食给他们吃。两个孩子吃的时候会自觉地用手接住零食渣，吃完还将零食包装收进垃圾袋。

吃完零食，表姐又拿出手机，让孩子戴上耳机听音乐。在去洗手间之前，表姐会交代他们："在过道里走动要扶好椅子，不能碰到两边的人。"

"怪不得两个孩子这么懂事，你的教育可真到位。"我不由得感叹道。

"没办法呀，这个时候不教育，孩子长大了就收不住性子了。"

如果小的时候对孩子的错误行为不以为意，等孩子长大了，就会更加肆无忌惮。等量变积累发生质变，孩子触犯了底线，就会被狠狠地惩戒，这个时候再想管教为时已晚。

记得有句流传很广的话：你不教育自己的孩子，社会便会狠狠地替你教育他。不过现在看来，这句话是不正确的，你不教育自己的孩子，社会也不屑于教育他，只会用规则来惩罚他。

为什么会有那么多熊孩子呢？隔一段时间就会出现在我们的视野，占领热搜榜，他们在名胜古迹上刻字、划伤豪车、水漫钢琴……

有人说：孩子的错都是大人的错。

每一个熊孩子的背后，都有一对不负责任的熊家长。他们不仅不对孩子进行

规则意识的教育,如果熊孩子给别人造成麻烦,熊家长还会立刻冲出来,护短地说:

哎呀,他还是个孩子,你别跟他一般见识!

我说他也不听,你让我怎么办哪!

不就是碰了你几下吗?又不是故意的!

弄坏了你的化妆品而已,你别太小心眼儿!

这些话是不是很熟悉,有些家长就是这样,孩子闯了祸、给别人制造了麻烦,最先想到的不是怎么向别人道歉、怎么教育孩子,反而是想怎么给孩子找借口,怎么护短。

他们这样做,美其名曰尊重孩子的天性,殊不知不加以管束,对孩子来讲并非好事,反而让孩子更变本加厉,最终打破法律的底线。

正常的父母教育孩子,会尊重孩子的意愿,但是也会教给孩子做人的道理。可是熊家长教育孩子秉持的却是:我们家的孩子不懂事,你们都得让着他点。

可能从短期来看,熊孩子的行为只会对旁人造成伤害,但是从长远来看,熊孩子长期被纵容、不受管教,会成长为一个不受欢迎、缺乏同理心、蔑视规则的人。

家长不管教,老师不敢教,最后孩子在无法无天、放纵无礼的路上越走越远。总有一天,他会受到惩戒,或大或小,或今天或明天。

作为父母,我们都不希望有一个胡作非为的熊孩子,因此,家长的管教和引导就必不可少。那家长该怎么做呢?

首先,考虑孩子的感受。带孩子出行或者走亲戚,要提前告知孩子在外出过程中可能会出现的状况,告诉孩子应该怎么做。还可以用带玩具、电子产品、书籍等方式帮助孩子打发时间。就像表姐考虑充分,才能既不委屈自己的孩子,又不会让他们因憋闷而大吵大闹。

其次,告诉孩子明确的规则。家长要培养孩子的规则意识,明确告诉孩子什么可以做,什么不可以做,让孩子知道做事的边界。同时,为人父母要以身作则,引导孩子,不给孩子造成负面影响。如果新闻里的那位爸爸在孩子上学前就明确告知他,在学校什么事情绝对不可以做,他心里有了标准,就不会放肆到几个老师都看不住的程度，也不会被劝退。

培养孩子的感恩意识。当别人给孩子提供帮助或包容的时候，应该和孩子一起对别人表示感谢，不要让孩子觉得这一切都理所应当。只有懂得感恩，孩子才会充满被爱的感觉，也更懂得考虑别人的感受，不会变得自私自利。

让孩子适当吃点苦头。如果你的孩子已经变得很"熊"，喜欢在公共场合大吵大闹，喜欢乱翻别人的东西，当别人批评他或者惩罚他的时候，不妨让孩子适当吃点苦头。因为一万次温柔地嗔怪也比不上社会给他的一次惩戒，让他知道"熊"不会被无度地放纵，终究要付出代价的。

世界上只有一种爱是以分离为目的的，那就是父母与孩子的爱。我们不可能永远跟在孩子后面，帮他收拾烂摊子。总有一天他要离开我们，独自闯荡。如果我们不能帮孩子磨平扎人的棱角，不能教给他为人处世的方法，让他成长为人人讨厌的熊孩子，那么长大以后，他不遵守社会规则，乃至触犯法律的概率肯定会更高。

制止孩子的重复等于妨碍孩子成长

有一天，我们带孩子在儿童乐园玩耍，儿童乐园假房子里的桌子上有两个洞，正好可以放进去海洋球。儿子各放进去一个海洋球后，手里的第三个海洋球就没地方放了。

我很好奇儿子会怎么做，就在一旁静静地观察。只见他用手里的球换掉桌洞里的一个球，接着再用它去换另一个。如此十几次简单地重复，他却一点儿也不嫌烦。

从心理学上来讲，孩子很难对重复的东西集中注意力，因为他们没有足够的意志力来支配自己的注意力。可实际上，孩子对自己感兴趣的事情很容易投入进去。

很多无聊透顶的事情，大人很难去一次次重复，孩子却乐此不疲。比如，把纽扣系上再解开，再系上再解开；把玩具放进收纳桶再拿出来，再放进去再拿出来。

"儿子，你过来玩玩这个！光捣鼓那几个球干什么呀！"我正看得起劲，被突然嚷嚷的老公吓了一跳。沉浸其中的儿子显然也是，他抬头看看爸爸，放下手中的球，去玩滑梯了。

我忍不住责怪："你知不知道！蒙台梭利说过，制止孩子的重复等于妨碍孩子成长！"

老公吃惊地问："真的假的！？"

当然是真的，不过她的原话不是这样说的，她说"重复是孩子的智力体操"。

成年人总是站在自己的角度，认为儿童重复做无意义的动作是无用的，所以下意识地想去阻止。殊不知，虽然这种简单的重复不符合成年人的功利观，却是孩子成长的途径之一。

在游乐场里，经常看到孩子们重复玩一个玩具，却常常被父母制止，他们在旁边大声指挥：你去玩玩这个，你去玩玩那个。好像少玩一种玩具就是吃了天大的亏，他们打扰了孩子的重复，破坏了孩子的专注力、兴趣，这才是最大的损失。

超市门口往往都摆着各式各样的摇摇车，可爱的卡通图案配上清脆的儿童歌曲，一摇一晃地，吸引了很多孩子的注意。儿子自然也不例外，常常吵着要坐这个托马斯火车，要坐那个乐迪飞机。我心中不解：每次路过都要坐，难道不烦吗？

有一次，和同事一起带着孩子去吃饭，路过一家孕婴店门口时，儿子又被摇摇车所吸引，嚷着非要去坐。

同事家大1岁的孩子却不感兴趣，他看了一眼摇摇车，独自去摆弄手里的飞机模型。

我忍不住说："很少有小孩子对这个不感兴趣的。"

同事说："他把这个研究透了，现在对别的事物更感兴趣。"

原来她孩子小的时候也喜欢坐摇摇车，而且喜欢坐上去再下来，下来再坐上去。同事并没有像其他家长那样不耐烦，她换了几十元钱的硬币，带着孩子坐遍了周边的摇摇车。陪着他、看着他，在一旁观察他上去再下来，她想知道孩子究竟在体验什么。

其实这样做并不会花费多少钱，但是可以陪着孩子研究所有的摇摇车。后来，他甚至知道哪个摇摇车会放什么歌，哪个摇摇车更招小孩子喜欢，哪个摇摇车坐起来不舒服。

再后来，他就很少坐摇摇车了，但是他的专注力得到了最好的保护。我注意到，他将手里的飞机模型拆开装上，再拆开再装上，从刚开始的装不上到后来很流利地组装，他一直沉浸其中。

成年人往往会疑惑：总是一遍又一遍地去做同一件事情，他们不会觉得枯燥无味吗？其实对孩子来讲，重复并不是没有意义的，孩子越小越是如此，他们天生有使自己乐于重复的能力。

但是家长往往是先从自己的角度去看待重复,认为没完没了的重复毫无意义,应该被抛弃。特别是当这种重复需要父母参与和陪伴的时候,比如反复听同一个故事,他们会更不耐烦,认为孩子的行为极度无聊和幼稚。

在心理学上,这种重复去做同一件事的行为被称为"常同行为"。蒙台梭利将这种行为称为孩子成长的智力体操,其重要性可见一斑。

孩子的认知能力有限,他们无法像成年人一样,可以很快把一件东西或者一个故事琢磨透。只能在一次次的重复中,慢慢地去认识、去摸索。对他们来讲,每一次重复都有新的认识和成长。

作为家长要认识到,重复是孩子正常的成长过程。他在一次次简单的重复中,自己去探索可以引发的变化,可以达到的效果,从而初步认识事物的因果关系。

当孩子重复做某个动作的时候,并非毫无意义。在这个过程中,孩子在体验,在思索,在感悟。慢慢地,他的各项能力得到提升,从而更好地成长。

重复是专注力的表现,为什么大人都很难反复做枯燥乏味的动作,孩子却可以一遍遍重复呢?因为孩子天生具有自我专注力。他可能拿着一个玩具翻过来倒过去玩一小时,也可能把一本绘本从头到尾看很多遍。这种注意力高度集中的品质对孩子以后的学习、工作都至关重要。

重复是意志力形成的重要阶段,重复练习可以带给孩子成长和信心。

蒙台梭利认为,重复练习是孩子意志力形成的最重要的阶段,他们在重复同一个动作的时候,不仅能一次次以全新的角度更全面地认识事物,还能从中体会到自己的力量和独立:他们既可以控制事物,也可以控制自己的行为,从而为意志力形成打下基础。

在生活中,我们经常看到孩子做重复的事情,要求父母给自己讲同一个故事,玩同一个游戏,把门关上再打开。在进行这些动作的时候,孩子由不熟练到熟练,再到驾轻就熟,这也是孩子建立自信心的过程。因此,父母要认识到,孩子的重复不是无意义的动作,而是一种意义重大的体验和成长。

在认识到重复对孩子成长的重要性,可以带给孩子成就感、独立感、安全感之后，再面对孩子重复动作时，就可以清楚地了解这是他的行为的最佳状态，父母不仅不能打扰，还要给孩子足够的空间和时间去尝试。

动作和语言是智力的外显。重复地听、说、读、写、画等所有的重复性动作都是孩子智力发展的途径。

父母除了做到不去打扰孩子的重复性行为之外，还应该给孩子创造重复的条件。

比如，当孩子要反复听一个故事时，父母可以用各种语气创造性地给孩子讲这个故事。重复地听，不仅能让孩子从中体会道理，还可以让一些好词好句"印"在他们脑海中，在记忆的海洋里反复强化，丰富他们的词汇储备。没准儿哪一天，他就可以运用这些词句自编一个更精彩的故事出来。

1 岁之前是孩子的感官重复期，他们重复吸吮手指，重复扔捡玩具；一岁半之前是实验重复期，他们反复把玩一个事物，用各种方式"对付"它；2 岁之前是语言重复期，他们说、学、逗、唱同样的内容；再往后，孩子还会重复自己感兴趣的事情，这都是他们智力发展的重要途径。

蒙台梭利说：孩子通过自发重复，不仅发展了身体机能，他们的精神世界也通过重复的专注得到圆满的成长。

你忍心做孩子圆满成长的拦路虎吗？

你不恰当的爱可能会成为限定孩子发展的牢笼

上班的时候，同事接了个电话，听到他耐心地说："没事，刚买了没几天，商家一定给换。"

对方不知说了什么，同事又接着说："换个差不多的就行，你不用管了，我跟商家联系就行。"我心想：这肯定是哄女朋友呢。

挂掉电话，另一个同事打趣道："真是暖男，哄女孩儿这么有耐心。"

同事跟我们抱怨，说："哪是哄女孩儿啊，是哄我妈！"

我们这才知道，原来从小他妈妈什么事都依赖他，比如非常琐碎的剥蒜、倒垃圾等家务，就连出去买东西都说太累让他拎包。现在长大了，更是什么事都跟他商量。这不，新买的家具有瑕疵，非得让他去协商调换。

"你说我妈在学校也是堂堂一个班主任，管着班里三四十个学生，怎么到我这里就成小女生了呢？"同事对此也无计可施。

"那你可要谢谢你妈妈，她这是在锻炼你呢！"我大体明白了这位母亲的苦心。她接触了太多的学生，又熟知儿童心理，肯定知道过度宠爱对孩子的坏处，所以学会了示弱。给孩子自由成长的空间和锻炼的机会，从而培养孩子独立自主的性格。

就像这位同事，虽然来单位只有一年，但是在工作中积极主动，不怕苦、不怕脏、不怕累，很快就能独当一面，成为办公室的重要成员。若是因为家庭条件好处处娇惯任性，估计很难这么快适应工作。

每个孩子都是上天赐予父母的礼物，父母无不希望给孩子最好的爱。但是爱孩子并不是将孩子养在手心里，为他抵御外界的一切风雨，帮他扫除成长道路上的一切障碍。不恰当的爱是短视的爱，只会让孩子失去与困难抗争的能力与勇气。

真正的爱是要帮助孩子成长为积极乐观、吃苦耐劳、抗压能力强的人。

孩子小时候就能独自面对小的风雨挫折，在逐渐成长的过程中，他们的抗压能力会一点点增强。即使面对比较大的坎坷，只要孩子的逆商较高，他们就能保持积极乐观的心态，直面困难，走出困境。

所以在某种程度上，孩子是否独立也和他们的幸福感高低有关。从小就知道生活充满酸甜苦辣的孩子深知生活不仅有阳光，还有暴风雨，幸运的是，自己从小就练就了保护自己的能力，从而游刃有余。

可如果孩子从小就躲在父母的羽翼下，风吹不到，雨淋不到，要什么有什么，长大以后就会啃老，遇事没有主见。当生活遭遇挫折的时候，他才发现，生活不是一条坦途，而是坑坑洼洼，自己却没有能力和勇气去应对，从而心生怯意。

我有个亲戚的儿子最近在闹离婚，原因是儿媳妇嫌弃他儿子做事没有主见，在家里不论遇到什么事情都要找母亲商量。

亲戚家的儿子我比较熟。他家属于母亲很强势，父亲除了工作什么也不关心的类型，在这种家庭环境中长大的他没有主见，事事不敢做主，即使在外面买件衣服，都要给妈妈打电话问什么颜色好看。

我们平时聊天儿时，就经常听他儿子说"我妈说"，而且时间稍微一长或者天黑了，他就会接到妈妈的电话，催他赶紧回家，他只能立刻遵从。

现在流行一个词叫"妈宝男"，用在他身上再合适不过。可是走进婚姻以后，女人需要的是一个可以同甘共苦的人，而"妈宝男"却软弱无能，所以这样的婚姻注定会风雨飘摇。

做父母的应该把眼光放长远一点儿，不要觉得爱孩子就可以替他包办一切。

那么，我们到底该崇尚什么样的养育方式呢？不是宠溺，当然也不是放任不管、疏远孩子，而是关爱有度、适当放手。

让孩子参与到家务中，承担家务可以让孩子有被需要的感觉，更能够增强孩子的责任感。

父亲同样要参与陪伴孩子成长的每一步。与细腻感性的母爱相比，父爱更加理性、粗犷，能够使孩子更富勇气和责任感。

适当放手，让孩子直面生活中的小困难、小任务、小矛盾，让他在解决一个又一个困难的同时得到成长。这与爱孩子并不冲突，教给孩子生活的技巧才能让他更加适应社会生存。

你为孩子扫除的障碍，将来会翻倍重来

结婚三年多，第一次和婆婆起争执，事情的起因对她来讲是一件小事，对我而言却是一件大事。

早上我去上班后，感觉身体有点儿不舒服，便请假回家了。回到家时，婆婆正在喂我儿子吃饭，一手端着饭，一手拿着勺子。应该是没想到我回来，我一开门，她愣住了。

再联想到平时儿子摔倒，我刚鼓励孩子自己站起来，婆婆就立刻冲过来抱起儿子："乖乖，没事吧？地把你弄疼了，奶奶打它！"

儿子东西掉地上了，他撅着小屁股，刚要捡起来，婆婆一把拾起来递给儿子。我的日常教育全白费了。

我的火立刻蹿了上来："妈，我不是跟你说过了，他已经这么大了，不要再喂他了，他可以自己吃！"

"我看他弄得身上到处都是，会弄脏衣服……"婆婆解释道。

"可是他慢慢会变好的，谁也不是生下来就会自己吃饭的。再说了，你现在喂他，他以后会把吃饭当任务，而不是享受食物！"因为身体不舒服，我的声音不自觉地提高了好几个分贝。

"不就喂他吃点儿饭吗？多大点儿事呀，至于这么上纲上线的吗？他长大了自然就会自己吃了。"婆婆照顾我儿子挺不容易的，被我这样指责显然很委屈。

儿子有些害怕地看看我，再看看奶奶。我突然意识到自己失态了，立刻住了嘴。

"宝贝，妈妈身体有些不舒服，心情不好，你自己吃饭好不好？"我平时都是教育孩子，自己可以做的事情自己做。

儿子懂事地点点头，自己端着碗说："凡凡自己吃，妈妈不生气。"

我鼻子一酸，抱了抱他就进了房间，没再去看婆婆。

事后，我反思自己说话太冲动，和老公说起这件事时，他肯定了我的教育理念，但要注意语气应该温和一些。

过了几天，等儿子睡着后，我找婆婆长谈了一次，温言细语地向婆婆解释了一遍过度养育的危害。让她明白，替孩子做事与帮孩子自己做事完全不同，我们帮孩子扫除的障碍，将来会千百次地还回来。

婆婆是个明事理的人，只是看到我儿子做事情时就忍不住要去帮忙。听了我的话她颇为认同，答应以后尽量按我的要求做。看来，这场争执还是有价值的。

曾经有这样一则新闻：一个男孩刚考上大学，第一次去食堂吃早饭，大家都开始吃了，他却只看不吃。同学们很奇怪，就问他为什么不吃。他为难地说，自己在家里吃鸡蛋都是白白软软的，可是这个鸡蛋又硬又黄，他不知道怎么吃。大家讶然，原来他以前吃的都是剥好的鸡蛋，竟不知道鸡蛋要剥壳才能吃。

事事为孩子考虑，造成的后果就是孩子长大以后成为断不了奶的巨婴，如何奢望他能独立自主呢？

同事跟我说，她家有三个孩子，弟弟是唯一的男孩儿。因为家里有些重男轻女，她和妹妹都没有得到家人的宠爱。生了弟弟以后，家里人高兴得不得了，把他捧在手心里。

无论何时何地，家里人都会跟在他后面。凡事姐姐必须让着他，不然就大吵大闹。看到迈不过去的坎，家里人就把他抱过去。看到他和别的小朋友发生争执，大人就帮忙去理论。

在这样的环境中长大的弟弟娇惯得很，如果只是娇惯也就罢了，因为从来不为自己的事情做主，所以很没有主见。无论遇到什么事情，都喜欢给家里人打电话，让别人给他拿主意。

上了高中以后，学习任务重，他跟不上，加之与同学关系处不好，就逐渐产生了厌学情绪，高中只上了一年就辍学了。找工作也处处碰壁，即使面试成功了，也上不了几天班就喊苦喊累，现在他辞职在家。

同事每个月都要给弟弟打钱，不然就会接到母亲打电话痛诉，她说弟弟是多么不容易，说自己还活着，两个姐姐就不管弟弟的事，那自己百年之后，他可怎么办。

同事无奈地说："我宁愿做一个虎妈，让孩子小的时候吃点儿苦头，也不要让孩子成为像弟弟那样的人。"

像同事父母这样的家长，我们称作"割草机式家长"，他们永远为孩子忧虑，每次都赶在孩子前面，清除孩子成长道路上的一切杂草。他们不希望自己的孩子遭遇任何小挫折、小坎坷，希望他的成长是一片坦途。

当然，这种想法太过理想化，是不可能成真的。所以他们就发挥身先士卒的精神，随时陪在孩子左右，当困难和考验来临之际，立刻帮孩子搞定一切。他们帮孩子交朋友、帮孩子解决问题、帮孩子预见可能遇到的种种困难。

不要觉得这样做是为了孩子好，实际上是害了孩子。从小就剥夺了他锻炼自己的机会，孩子的能力得不到提升，长大以后，他面临困境的时候就会手足无措。

凡事大包大揽，除了对孩子的宠溺之外，还有一个因素是对孩子的能力缺乏认可。这样的父母打心眼儿里不相信自己的孩子，对他的行为不放心。

我们要相信，孩子在一定的年龄段，就有一定的能力做好自己的事情。

我们要相信，他经过一段时间的训练，就可以不再弄脏衣服。

我们要相信，他有过几次忘带课本的经历，就可以自己把书包收拾妥。

我们要相信，他经过几次与小朋友闹矛盾，就可以慢慢学会怎么和别人友好相处。

我们要相信，他在做好作业的同时，可以帮你分担一些力所能及的家务……

让他独自承担责任，他的能力就会得到锻炼，给他摸索成长的空间，他就会进一步成长。

让他走出被父母保护的舒适区，让他独自面对风雨，等他羽翼丰满以后，再大的困境也难不住他。

对孩子来讲，真正的成长就是在和谐稳定的家庭环境中提升自己的能力，储备处事的技能，将来为自己负责。

人生是一场旅程，孩子终究要独自去经历风雨。无论我们多么爱孩子，也不可能终生相伴左右。我们能做的就是帮助他走向独立，然后给他无私的爱和温暖的支持。

请不要忽视语言暴力的伤害

网络上有个传得很火的视频，内容是一个小男孩儿因为和同学打架被批评。在这三分钟的视频里，小男孩儿誓死捍卫尊严的决心表现得淋漓尽致。

原来是小男孩儿因为剃了个光头，被别人嘲笑是"光头强"，他觉得尊严受损，就和他们动了手，结果被老师批评。

一个10岁的小男孩儿宁愿被老师批评也要维护自己的尊严，不愿意让别人嘲笑他。可见，尊严并不是成年人的专属品，对一个孩子来说，被尊重同样重要。但实际生活中，有的孩子在受到嘲笑和欺负时选择忍气吞声，独自落泪。

我们自然不能倡导孩子在尊严受损的时候使用暴力解决问题，但我们绝不能说你一个小孩儿有什么尊严，我们必须重视孩子捍卫尊严的决心，要时刻谨记保护孩子的自尊。

自我反省一下，你是不是嘲笑过孩子写的字歪歪扭扭？你是否在公众场合训斥孩子的笨拙？你是不是取笑过孩子的幼稚行为？你不知道，你无意中的一个玩笑和戏谑，可能会给孩子的心理造成一辈子的创伤。

黄昏时分，一群孩子在广场上玩耍，大人聚在花坛边聊天。

孩子们玩的是"萝卜蹲"游戏，一个穿红色衣服的孩子抱着头边说边蹲，说出下一个穿蓝色衣服的孩子的名字，然后穿蓝色衣服的孩子蹲下再说其他衣服颜色的小朋友的名字。如果被喊到，但忘记了蹲或者不该蹲的时候蹲下去就犯规了，会被所有小朋友刮鼻子或者打手掌。

在孩子们奶声奶气的欢声笑语中，连我都心痒痒地想加入他们了。

8岁的芊芊反应稍微有点儿慢，经常是不该她蹲的时候她蹲，该她蹲的时候却忘记蹲，玩了一会儿，她就犯规了四五次。但是小孩子根本没把这些放在心上，依旧玩得很开心。

芊芊的奶奶显然注意到了这一点，她气愤地说："笨妮子别玩了，这么笨，还不够丢人的。"

这一声训斥很突兀，不光是玩得开心的孩子，就连旁边的家长都停止说话，看着这祖孙俩。

"哼，我再也不理你了。"芊芊觉得太过难堪，哭着跑了。没跑几步，她不小心被广场边上的路沿绊倒了，磕破了膝盖和胳膊肘。

芊芊的奶奶没有考虑到孩子的自尊心，在大庭广众之下嘲讽、训斥她，孩子的自尊心受损，自然充满了抱怨和委屈。幸亏芊芊没有大碍，不然芊芊奶奶该多后悔呀。

家长是孩子最亲近的人，适时指出孩子的错误和不足是应该的，但是不顾孩子的自尊心，在众人面前揭短、批评或打骂，必然会给孩子的身心造成创伤。不分场合的责骂不仅不能起到正面的教育作用，反而会激起孩子的逆反心理，让孩子对你充满怨恨。孩子虽小，但也要照顾他们的面子。

有的家长不认同：孩子有什么问题当然要立刻指出来，他们哪懂什么面子不面子的，片刻之后就忘了。这是大人尊严意识没有觉醒的表现。大人说的很多话，孩子可能会忘记，但是所产生的负面影响，可能跟随孩子一辈子。

记得《小王子》一书中的飞行员，小时候，他第一次根据自己的想象画了一幅画，是一条吞了大象的蟒蛇，却被大人说成帽子，他又把蟒蛇肚子里面的情况画出来，大人们却让他把画画放到一边，去学有用的算术、历史。大人们没有鼓励飞行员，也没有赞赏他的想象力，而是断言他不适合画画。这导致飞行员对画画失去了勇气，除了6岁的时候画过蟒蛇，之后就没有碰过画笔了。

大人的话对孩子产生的巨大影响可见一斑。

朋友上初中的儿子以前很喜欢听故事，也喜欢写作文。到我家做客时，经常钻进我的书房不出来。我也喜欢给他讲故事，因为他总是听得很认真。

然而，朋友打电话向我诉苦："最近不知道怎么了，儿子每次写作文都表现出一副不情愿的样子，跟自己的关系也不像以前那么亲密了，他写作业时我刚靠近，他立刻像母鸡护小鸡一样护住作业本，一脸警惕。问他怎么回事儿，他还不说。"

我找了个由头到他家做客，特意带了一套他最爱看的故事书，和孩子单独相处时，我直接对他说了他父亲的担忧。他也很坦白，说一个多月前写一篇作文，题目是"我的梦想"。他洋洋洒洒地写了三大张纸，说自己长大后要当一名作家，要写很多文章，然后获得诺贝尔文学奖。

作文写完了，他的兴奋劲儿还没过，就兴致勃勃地拿给父亲看。没想到第二天，父亲就在亲戚们的聚会上将这件事当笑话一样讲了出来，满屋子的人也津津乐道地讨论起来：现在的孩子想象力真可以，什么都敢想，诺贝尔文学奖哪是那么容易就获得的。

他的梦想竟然成为父亲为大家提供的谈资，大家有说有笑，谁也没有注意到孩子逐渐暗淡下去的目光。他说别人可以笑他，但没想到父亲会把这件事当笑话和大家一起分享。后来，他就开始讨厌写作文了，而且认为父亲不再值得他信任。

问题根源找到了，朋友不仅没有保守秘密，还和大家一起将这个珍贵的梦想视为"天方夜谭"。这让孩子自尊心严重受损，更是打破了亲密的父子关系。

孩子心思细腻、敏感，很多在你看来无所谓的事情可能会无意中对他们的心理产生严重的影响。你将你与孩子之间的秘密公之于众，他对你的信任会瞬间消失，这也使得他更加敏感、叛逆，对他以后的为人处世产生难以想象的负面影响。而且这份信任和亲密一旦被打破，再想建立就很困难了。

孩子喜欢维护自己的名誉，一旦你将他的短处呈现在众人面前，他就不会再努力维护自己的良好形象，容易恼羞成怒，破罐子破摔。

所以，请你一定注意自己的言行，给孩子留点面子，守护他们尊严的后花园。

不要在外人面前训斥你的孩子，不要奢望这样可以让孩子长记性，这样做的后果只能是挫伤孩子的积极性。

不要到处宣扬孩子的"丑事"，可以将其当作你们之间珍贵的秘密，不然你会永远失去他对你的信任。

在孩子需要你帮助的时候，不要奚落他、嘲笑他，请给他一个坚定的怀抱，告诉他：爸爸妈妈一直都在。

请不要做最残忍的刽子手，扼杀自己孩子的尊严，因为尊严一旦失去，可能一辈子也找不回来。

别在该他律的时候高估孩子的自律

潇潇是同事家的女儿，今年 16 岁，正在上高中。她的性格活泼开朗，但是同事发现，她最近总是闷闷不乐的。同事和她谈心，问她最近有什么心事。潇潇不高兴地说："最近学校举办文化艺术节，别的同学都有自己的兴趣特长，为什么我没有呢？"

同事说："那怪谁呢？你那时候不爱学，学什么都不专心，画两天画，又去弹吉他，没弹几天又去打羽毛球，做什么都没长性。"

"是，我那时候小，不懂事，什么都不知道，你为什么不管着我呢？"潇潇疑惑地问。

同事情绪低落地跟我说："我当时都不知道该说什么了，觉得自己一开始或许就做错了。该严厉的时候没有严厉，让孩子心生埋怨。可是现在孩子已经上高中了，学业压力大，再培养特长，时间、精力都不允许。"

同事小时候被家里管得太严，做什么事都要经过父母的允许，稍有不如意就会被父母训斥。受原生家庭环境影响，她对过于严厉的家庭环境很反感。有了女儿以后，她奉行完全宽松的养育方式，给孩子绝对的自由，难道这样也错了？

著名儿童心理学家皮亚杰在"认知发展理论"中指出，儿童的道德判断是一个从他律到自律的发展过程。其实不光是道德判断，孩子的自律行为也是从他律发展而来的。

要知道，小孩子受学识和认知水平的限制，自律意识差、水平低。做家长的应该发挥作用，利用他律慢慢培养孩子的自律意识。如果孩子小时候完全不受控制，长大后也不会一下拥有强大的自制能力。

自律能力差的孩子是什么样的呢？

容易自由散漫。

上大学时，我和班里一个同学一起选修了速记课。但是每到上课的时间，那位同学就会打着哈哈说："反正老师也不点名，我就不去了，我回来看你的笔记就行。"

毕业后，有一次他给我打电话说有一份会展中心的工作，福利待遇和发展前景都很不错，他各方面都适合，可是人家要求会速记，他傻了眼，瞬间就想起被自己辜负的选修课。在该努力学习的时候，因为自己的懒散，错过了黄金时间，也错失了好的发展机会。

缺乏纪律性。

前文提到过，一个男孩儿开学4小时就被学校劝退了。校方给出的理由是孩子不遵守学校纪律，满学校乱跑，给学校的正常教学造成了不良影响。学校只好让家长带回去教育，改善后再考虑能否入学。不遵守纪律、蔑视规则，自然会被规则惩罚。

做事三分钟热度。

在游乐场里玩耍，很多孩子都是一个玩具玩很久，玩够、玩透，再开始玩下一个玩具。可是也有些孩子摸摸这个，碰碰那个，看到别人玩得开心又去抢他们的玩具。到最后满游乐场跑，却没能好好玩，也谈不上从玩中学到知识、锻炼能力。这样的孩子自制力差，不能将注意力长时间放在同一事物上，必然造成凡事"浅尝辄止"。

管不住自己。

一位妈妈和儿子同学的家长聊天儿才知道，别人的作业半小时就写完了，而自己的儿子却写到半夜。她回家以后仔细观察，发现儿子每次做作业都很不专心，一会儿摸摸闹钟，一会儿翻翻课外书，时间就这样被浪费掉了。

她要求儿子专心做作业，可是孩子说管不住自己。于是，她把孩子屋里的东西都清理出去，只留下书桌，慢慢地，孩子的效率有所提升。

自律能力缺失，代表的必然是低效、懒散，大文学家萧伯纳也曾经说过：自我控制是最强者的本能。

所以，提高孩子的自律能力不容忽略。

利用他律培养自律。儿童自律能力的形成并不是一蹴而就的，需要来自家长的他律发挥作用。随着孩子的道德感与认知日渐成熟，他才能养成良好的自律能力。

例如，我们教育孩子不能吃太多的糖。刚开始，孩子受不了诱惑，可能会不理解。但是你可以要求他吃完三颗糖就必须停止。在这个过程中，我们不能只阻止孩子，还应该告诉他为什么不能吃。吃太多糖会损害牙齿，还会让人得肥胖症。孩子不理解，那就形象地告诉孩子：吃一颗糖，牙齿就会被敲打一下，慢慢地，牙就会被敲打出一个窟窿；还可以给他看牙齿变坏的图片，带他参观牙医诊所。孩子意识到吃糖太多对身体不好后，我们就可以和他一起商量多久吃一次糖，一次吃几颗。

给孩子树立短期目标。很多家长喜欢给孩子树立长期的、宏观的目标，如学习好了可以上好大学，如锻炼身体可以长寿，但是孩子对此不会有太多感觉。我们让孩子主动学习、主动锻炼，应该基于孩子的心理需求，如学习好、身体好、性格好，可以让更多的老师和小朋友喜欢。

给孩子制定规则并严格执行。父母的爱可以无条件，但是必须有规则。规则对于孩子来讲不是限定，更不是障碍，而是保障。如果是已经约定好的规则，必须严格遵守。不然，随意打破规则，必然导致孩子失去敬畏心，最后吃亏的还是孩子自己。

如果规定孩子每天只能看半小时的电视，时间一到必须停止，不能因为孩子哭闹而心软，否则会让他学会投机取巧。

父母做孩子的榜样。孩子的自律能力形成比较复杂，在这一过程中，父母起到决定性的作用。可令人好气又好笑的是，大部分父母在培养孩子自律的时候，自己却做不到。

父母自己抱着手机，却要求孩子不要看电视，要多读书；父母自己不爱运动，却催促孩子坚持锻炼；父母自己夜不归宿，却规定孩子早睡早起……孩子具有本能的模仿能力，而他们最初的模仿对象就是父母。父母只有先做到自律，才能引导孩子遵守规则，慢慢做到自律。

教育孩子做好时间管理。很多父母都喜欢催促孩子，把"快点""抓紧时间""没时间了"挂在嘴边。这样空洞的话语时常会让孩子陷入困惑：怎样做才能快点、才能抓紧时间？我们要做的是帮助孩子制订计划，什么时间该干什么事，做事情要分清轻重缓急。越自律，越自由。

《少有人走的路》中这样说：自律是解决人生问题的首要工具，也是消除人生痛苦的重要手段。为了孩子以后的人生路走得更顺遂，父母一定要认识到培养孩子自律能力的重要性。孩子的自律能力不是一朝一夕就能培养的，父母应该借助有利时机进行循序渐进的引导，帮助孩子形成自律能力，帮助孩子"经营"好自己的人生。

第三篇　孩子是父母的升级版复制品

没有口德的父母，难以养出幸福感满格的孩子

上班路上，我遇到一位骑电动车带着两个孩子的妈妈，前面的孩子是男孩儿，年纪小点；后面的孩子是女孩儿，年纪大些，手里还拿着一个水壶。

眼看直行路口的绿灯只剩几秒了，妈妈加快速度往前冲。然而还是没赶上，在她要冲出等待线的那一刻，红灯亮了。

妈妈来了个急刹车，坐在后面的女孩子在惯性的作用下，整个身体往前冲，重重地撞上妈妈的身体，手里的水壶也脱手甩了出去，掉在地上，向前滚去。

妈妈见此情景，转头对着女孩儿怒喝："你怎么连个水壶都拿不住！还不快下去捡，捡不回来，看我怎么收拾你！"

女孩讪讪地下车，匆匆捡起水壶，想要坐回车上。

突然，妈妈朝着女孩儿尖利地大声喊："拿来，我看一下！"女孩儿把水壶拿给她，妈妈瞄了一眼，又怒目圆睁，大声喝道："真是没用！连水壶盖掉了都不知道，再去捡，捡不到别上车！"

女孩儿转过身要向前走时，绿灯亮了，横向的车开始起步。妈妈又大声喊："上车，别捡了！真倒霉！"女孩儿上车后，妈妈一脸怒容，骂骂咧咧地开车前行。

我站在旁边和他们一起等绿灯，妈妈的态度让我感到惊讶，不明白她为什么对待自己的孩子如此苛刻？

不可否认，妈妈是爱自己的孩子的，可是她肯定是一个没有口德、得理不饶人的"刺儿头"。

不然，在自己为了抢绿灯才引发一系列事情的前提下，她不会对女儿恶语相向。

即使是女孩儿自己弄掉了水壶盖，做父母的也应该温柔坚定地指出孩子的错误，并告诉她该怎么做。

小女孩儿怯生生的眼神一直在我脑海中徘徊，在这样的母亲身边长大，孩子不是过分胆小、敏感，就是为了保护自己，变得像母亲一样牙尖嘴利。

我们单位有一个同事，对同事、对客户，甚至不熟的人都很客气。我们都觉得她脾气好、性格温柔。

直到有一天，我听到她打电话，那个温文尔雅的印象完全被打碎了。

那天在单位加班的时候，我去洗手间，发现洗手间的门被反锁了。单位的洗手间很少反锁，应该是有人遇到了特殊情况。

我在门口等候，听到一个刻意压低的声音传来："为什么在河边哪？"

"什么？钓鱼？"声音立刻高了。

"你怎么可以先去玩呢？不是告诉你要先写作业吗？"

"什么，爸爸同意的？你傻呀，你是不是以后就像你爸爸那样当一辈子工人哪？"

…………

各种不满的谩骂随之传来。

听不到对面说什么，但是可以听到她嗓门也越来越大，越来越生气，她在我心里的形象来了一个一百八十度大转弯。

我立刻离开。

等再在办公室遇到她的时候，她仍然是一副温婉可亲的样子。

记起前几天她向我请教，为何她儿子跟她越来越不亲，还喜欢顶嘴，学校老师也向她反映，儿子喜欢和别的同学吵架，说话还很难听。

"我经常教育儿子要谦和、要礼让、要讲口德。"她叹息着说。

我当时也很纳闷儿：这么有教养的妈妈，怎么会养出咄咄逼人的儿子呢？我在心里将原因归结于家庭其他成员或者学校环境的影响。

现在显然有了答案，这个在单位、在社会上以温柔形象示人的妈妈因为爱之深责之切，所以对自己的儿子缺乏细心和耐心，经常谩骂训斥。

她把自己的耐心全花在了外人的身上，没有给家人留下一星半点儿。试问，在她的耳濡目染之下，如何养育出一个温润如玉的谦谦君子呢？

如果对孩子有爱，却用过于严厉和苛刻的方式表现出来，可能会造成孩子安全感缺失、性格乖张，耳濡目染之下，会用这种养育方式祸害下一代。

伤人之言，痛如刀割。对孩子来讲，说话刻薄的家长给他们造成的伤害更甚。因为他们心理不成熟，没有锻炼出极强的心理承受能力，语言暴力的伤害不容小觑。

对于辱骂孩子可能产生的后果，知乎上有个网友这样说：**一种是打服了、骂服了，儿女一生自卑、愚孝；另一种是打不服、骂不服，儿女一生自傲、冷漠。这两种人都不懂什么是爱，更不懂如何爱，除非在这过程中出现其他示范。**

儿童心理学专家认为，长期生活在被辱骂的非正常环境中，孩子会产生性格懦弱自卑、心理压抑孤独、精神焦躁不安、心理怪癖、爱撒谎、脾气暴躁等心理问题。

尊重是爱的前提，我们能懂得尊重他人，更应该尊重我们的孩子。请相信，没有哪个孩子喜欢被自己最亲近、最信任的父母斥骂。

孩子孤零零地来到这个世界上，父母就是他的一切、他的依靠，被最依赖的人斥骂的那一刻，孩子该有多么绝望和孤独。

家长斥骂孩子的本意是对孩子的关心，想要教育孩子或者恨铁不成钢，可是话到嘴边却变了味。所以家长应做好个人情绪管理。话出口前先思量一下，是不是有更好的表达方式能够取得更好的教育效果。用简单粗暴的方式达到目的，只是家长为了图一时方便的偷懒之举罢了，这个必须戒除。

我爸妈没钱，不配有我这么好的儿子

豆瓣上，有个网友吐槽 10 岁小侄子的帖子火了！据网友介绍，他的侄子考试成绩全班第一，英语口语也很棒，就连奥数、围棋、轮滑各种业余爱好也出类拔萃。

他是父母的骄傲，也是很多父母口中"别人家的孩子"，这样一个优秀的孩子，却吐槽自己的爸妈不配有他这么好的儿子。

我们来看看在这个 10 岁的孩子眼中，他的父母、他的原生家庭是什么样的。

他说父母要二胎是自私的行为，他根本不希望有个弟弟或者妹妹，弟弟妹妹是家里有钱才可以要的。

他觉得，他的父母无力承担二胎的养育责任，如果一定要，就是对自己和二胎都不负责任，家里供他培养各种兴趣爱好都有压力。

这个孩子十分聪明，他小小年纪就知道自己未来要做什么，现在必须付出什么样的努力，才能达到自己的目标。但是这份聪明里透露着一种冷漠和自私，甚至对自己的父母非常不满和怨恨。

这让我想起了同济大学的博士小田趁假期在街道替从事保洁员的父母打扫卫生的事情。

对于这件事，他这样说："一来，不管是本科生、研究生，还是博士生，我都是我父母的儿子，他们在老家种地，我就帮着种地，他们在嘉兴扫地，我就帮着扫地，这就是我天经地义该做的；二来，保洁员是一份值得尊重的工作，我愿意做，跟我是什么学历没有关系。"

客观来说，不管从精神层面还是经济方面，小田的父母层次都不能算高，可是他并没有抱怨，而是体谅父母、感恩父母。

而网友的侄子看到的都是父母的不足和缺点，更不要提感恩和知足了，为什么会出现这种截然不同的价值观呢？

一个10岁的孩子说出这样的话，归根结底，还是其家庭教育中存在一定的问题。

不得不承认，男孩儿的父母对他的智商教育是十分成功的，他成绩好，爱好多，懂得如何来弥补原生家庭带给他的不足。比如，他想要以后出国留学，所以苦学英语；他觉得父母不高，所以参加体育锻炼，希望自己长得高一些；他喜欢推理，想通过下围棋来锻炼自己的大脑。

但是一只水桶能装多少水取决于它最短的那块木板，智商的高度并不能抵消情商的缺失。

有人曾经说过，现在的大学正在培养一些"精致的利己主义者"，他们高智商，世俗，老到，善于表演，懂得配合，更善于利用规则达到自己的目的。这种人一旦掌握权力，危害会非常大。

不仅仅是大学教育，家庭教育又何尝不是这样呢？这个男孩儿就被父母培养成了典型的"精致的利己主义者"。他对金钱和成功充满了渴望，对不完美的父母充满了怨恨。

为什么我们会培养出这种"精致的利己主义者"呢？

功利教育的影响。

很多父母自己过得平凡，希望通过孩子来"翻盘"。

天天指着满大街的跑车和别墅给孩子洗脑：你要考第一，你要能说会道，你要出人头地，只有这样才可以过上有钱人的生活。

孩子的行为标准是"是否对我有利""怎样获取更高的利益"，他的内心被物质的匮乏感所填满，每天想着怎么获得更多的物质、更高的地位，却不懂得珍惜自己已经拥有的东西。

缺乏感恩教育。

如果孩子足够优秀，像前面那个10岁小男孩儿一样，样样优秀，样样拔尖儿，他嫌弃你没钱没地位，给不了他最好的生活。你心里会不会暗骂：真没良心，我为你做了那么多。

可是做了那么多，你却忽视了感恩教育。看到环卫工，你对孩子说，不好好学习你也会扫大街；看到服务员，你对孩子说，不想上学就来端盘子。

孩子不懂得感恩，还在心里形成了偏见，又怎么会在乎你的付出呢？

父母的无度付出。

男孩儿家是大城市里的普通家庭，父母平时节衣缩食，只为给孩子提供最好的条件，让孩子去学轮滑、围棋、英语等。

有一句话说得好，最失败的教育就是"全民富二代"。有的父母倾尽所有，也要给孩子最好的物质条件，一再把他往"精英阶层"推，却离自己越来越远。

不懂得尊重孩子。

男孩儿说，讨厌父母总和别人炫耀他把围棋下得多好，还质疑父母的爱就是在微信朋友圈晒他的成绩，晒他的照片，也没问他愿意不愿意。

作为父母，能够培养出这么优秀的孩子，内心的骄傲和满足可想而知，肯定是每天将"我儿子如何如何"挂在嘴边，晒在朋友圈。但是父母一直炫耀他，并没有考虑过他的感受，让他觉得自己得不到尊重，对父母也就多了一丝反感。

在教育孩子时，若想让孩子懂得知足又有上进心，父母首先要对他进行爱的教育，而不是功利教育。

我们把孩子带到这个世界上，教他读书写字、画画唱歌，不是要他成为谁、超过谁，也不是要他达到什么样的高度，而是让他快乐、自由、舒展地成长，享受人生。这样才能让孩子明白，不管他是否优秀，父母都是爱他的。

认识到自己能力有限。

某位知名演员在被问到如何教育女儿时，他这样回答：她也有她的梦想，她的理想，我尽量帮忙，帮助她实现。但我能力有限，更多的还是靠她自己。

成功人士尚且认识到自己能力有限，何况我们普通家庭的父母呢？所以我们必须认识到，自己能给孩子的是有限的，不能无度地满足孩子的物质需求。

增强感恩教育。

让孩子知道父母工作中的辛苦，让他知道做家务也会累，让他懂得体恤、感恩父母。放弃"再穷不能穷孩子"的观念，适当地让孩子"吃点苦头"，这样他才能体会生活中的艰辛和难得的幸福。

父母也要懂得感恩，尊重身边的人，避免孩子戴有色眼镜看人。

把孩子作为独立个体对待。

不能把孩子看作传宗接代的工具，更不能把孩子视为父母的依附品。

了解孩子的兴趣，关注孩子的想法，尊重孩子的意见。如果孩子有表达的欲望，请静静地倾听而不是打断；父母犯了错误也应该向孩子道歉；对孩子说谢谢，让孩子体验被需要的感觉。

你是孩子坏习惯的始作俑者吗

去邻居家串门，他儿子刚一岁三个月，长得虎头虎脑的，很可爱。

我们去的时候，正好赶上孩子饿了，孩子爸爸正在喂他吃饭。但是很明显，孩子吃饭的坏习惯太多了。他站在一堆玩具里面，手里拿着玩具各种摆弄，电视机里放着动画片，爸爸的手机在旁边放着儿歌，整个客厅全是电子产品的声音。爸爸跪在爬行垫上，趁孩子玩得高兴的时候，赶紧塞一口。

"你们没买餐椅吗？"我看不懂这种养育方式，好奇地问。

"买了，他不坐，手里不拿着玩具就不好好吃饭，真拿他没办法。"孩子爸爸一副恨铁不成钢的样子。

"这么小，还可以纠正。这样吃饭容易消化不良，而且边玩边吃，容易吃多，也不利于孩子专注力的培养。"

"哪里管那么多，孩子能吃下饭就行了，现在还小，等长大了就好了。"为了一时的看护方便，放任孩子，甚至帮助孩子养成坏习惯，希冀他长大后自己把坏习惯改掉，这样的父母是多么不负责任哪。

后来我才发现，他家的人吃饭都有坏习惯。爸爸喜欢边看电视边吃饭，妈妈喜欢边玩手机边吃饭。在这种环境的耳濡目染之下，孩子边吃边玩一点儿也不奇怪。

如果我猜得没错，长大以后孩子也会边看电子产品边吃饭，甚至沉溺于电子产品忘记吃饭，父母就会义愤填膺地批评他："光知道玩不吃饭，再不吃就凉透了！什么毛病？"可是他们忘记了，这种坏习惯就是在孩子小的时候，因为家长贪图方便使孩子慢慢养成的。

儿子刚会坐，我就把他放进餐椅，看着大人吃饭，慢慢地，他对吃饭产生兴趣。添加辅食之后，孩子吃饭时，我会把他手里的玩具拿走，待他专心致志吃饱饭以后，再把他放到爬行垫上去玩。

养成这样的好习惯之后，吃饭时，儿子会把注意力全放在食物上，而不是像邻居家孩子一样，食不知味。

老公吃饭也有玩手机的习惯，为了不对孩子造成负面影响，我给他下了明确的"禁令"。为了儿子，他乖乖收起了手机。吃饭的时候，一家人坐在餐桌旁，说说笑笑，品味美食，氛围很好。

很多大人对孩子的坏习惯习以为常，认为孩子长大后就会改掉坏习惯。但实际上，坏习惯的戒除需要很强的意志力，特别是从小就形成起来的"顽疾"，并不是随随便便就可以戒除的。

家长的无度宠爱是孩子坏习惯成长的温床。

同事向我们诉苦，说她家女儿的坏习惯太多，自己快分身乏术了。我们忙问怎么回事儿。

原来同事女儿以前跟着爷爷奶奶，现在刚到爸爸妈妈身边生活。她发现，女儿身上沾染了太多坏习惯。

比如，吃饭看电视，几分钟吃一口，一顿饭能吃一个多小时；比如，写作业不专心，一会儿饿了，一会儿渴了，东瞧瞧西望望；比如，喜欢撒泼打滚，不满足她的要求就满地打滚，直到大人答应才起来……

听着她对女儿的"控诉"，我看到了一个被隔代抚养宠坏了的女孩儿。在与爷爷奶奶生活期间，她慢慢养成了很多坏习惯，爷爷奶奶就是助推者，而在她成长过程中，缺位的父母也负有很大的责任。

现在坏习惯已经养成，再多的吐槽也只是徒增烦恼，思考怎么帮助孩子戒除才是最紧要的。

比如吃饭看电视，可以把电视机放在坐在餐桌前看不到的位置，然后父母做榜样，吃饭的时候专心致志，吃饱后再去看电视。

比如她要什么东西，让她说出理由，合理就满足，不合理的话即使她撒泼打滚也不松口，可以让她发泄完，再给她讲道理。

比如写作业不专心，可以给她提供简洁清爽的学习环境，在写完作业之前不允许她吃喝玩乐。

想要让孩子远离坏习惯，不是一朝一夕就可以做到的，需要父母和孩子不懈地坚持和努力。这个过程中会有矛盾、有哭闹，所以父母应该从根源上帮助孩子远离坏习惯，而不是养成坏习惯后再后悔。

孩子的很多坏习惯可以在父母身上看到，是父母坏习惯的延续。

孩子的模仿能力很强，很容易受到环境的影响。如果父母自身有拖延、注意力不集中等坏习惯，无疑会让孩子在耳濡目染中习得这种习惯。如果父母爱看书、懂礼节、积极向上，那么孩子也会受父母影响，成为正能量的化身。

父母的言行举止对孩子的影响远超老师。老师给孩子传授的是知识，是孩子对自己的武装，而父母对孩子情商的影响和培育，则是伴随孩子一生的软实力。所以父母应该先要求自己，再要求孩子，而不是把教育孩子的希望完全寄托在学校教育上。

自己做好榜样，就不需要苦口婆心地说教，孩子也会模仿父母的言行，跟着去做。

有一句话说得好，家庭教育对于父母来讲，首先是自我教育。

自己做不到的事情，却苦苦为难孩子，是不负责任的表现。在任何事情上的成功，都无法弥补在孩子教育工作中的失败。

很多父母对孩子习得坏习惯的苗头视而不见。等孩子染上以后，再去帮孩子改正就很难了。

好习惯的养成需要日复一日地坚持，而坏习惯的养成往往立竿见影。坏习惯的改正难上加难，而好习惯却很容易丢掉。

很多家长相信自己的孩子有很强的意志力，把好习惯的养成寄托在孩子身上，同时高估了孩子对坏习惯的抵制能力，从而崇尚"放羊式"的教育方式。

蒙台梭利曾经说过，当儿童还没有发展起控制能力的时候，"让儿童想干什么就干什么"是与自由观念相违背的。

在孩子的判断能力和意志力未完善时，适当的甄别和指点能帮助孩子形成正确认知，有利于孩子自发养成好的行为习惯。

因此，合理运用身教与言传才是为人父母的智慧之选。

这句话害人无数，你却把它当作鼓励孩子的法宝

我刚考上大学时，亲友们来祝贺，妈妈总是笑着说："我家闺女可不算是聪明孩子，就是努力罢了。我常说，你要比别人更努力，才能考上大学。"

别人都觉得这是客套话，但实际上妈妈就是这么想的，我也是从小听到大。一直以来，我都因为妈妈觉得我不够聪明而感到很失落，所以事事要比别人多付出努力，才能达到自己想要的高度。

最近，我和一个毕业后就失去联系的高中同学在火车站偶遇，便坐在候车室叙旧。高中毕业后，同学竟然没再上学，而是选择进厂打工。现在他还在宁波打工，从服装厂到电子厂，再到机械厂。

他羡慕地说："你们大学生多好，有文化，哪像我们，靠苦力赚钱。"

"我记得，高中时我的学习成绩还不如你，就算高考失利，怎么不复读呢？"

"主要是我自己对学习没兴趣了，根本就没想过复读，一毕业就跟着哥们儿去打工了。记得你上学时不怎么说话，只知道努力学习。"

我笑笑说："就像我妈说的，像我这种不聪明的人，不努力学习肯定跟不上！"

"你得谢谢你妈，让你在高中就时刻鞭策自己。我妈正好相反，每次都说我很聪明，慢慢地，我也认为自己真的很聪明，只要我想，拿下第一名是分分钟的事，自然就放松下来。现在想想，那时候的自己真是幼稚得可笑。如果我不把自己想象得那么聪明，而是脚踏实地地努力，或许就可以走另一条路了！"他唉声叹气地说。

我从来没想过被夸聪明反而是坏事，因为我一直希望妈妈能夸我聪明，而不是处处宣扬我考上大学全靠努力。

他的车先来了，看着他背着行李的身影上了车，我心里很是感慨，像他们这种"聪明却不努力"的孩子又有多少呢？被父母的"捧杀"毁掉努力的孩子，又有多少呢？

生活中，有一些父母将"我们家孩子很聪明，就是不努力，他要是努力一定会如何如何"挂在嘴边，就像给孩子打了一针麻醉剂，让他以为自己的起点比别人高，心生傲慢，对"努力"不屑一顾。即使成绩不好，父母也会给他找台阶下：不是孩子做不到，只是不屑于做罢了。

这句话有很多种版本，但无一例外，父母都觉得自己的孩子很聪明。

"我儿子很聪明，就是不细心，不然这次考试肯定能考高分！"

"我女儿很聪明，就是不努力，她要是好好学，成绩比这好。"

"卷子上的考题他都会，就是粗心了，要是不粗心，能考满分。"

很多父母将"孩子很聪明，就是不好好学习"奉为圭臬。开家长会的时候，老师为了鼓励学生，也会对家长说这种话："你家孩子很聪明，就是不努力。"听到这句话，家长不应该为此感到欣慰和自豪，因为有可能是老师在暗示你：孩子的学习态度不够端正。

聪明但不努力的孩子普遍存在一些缺点：注意力不集中，不够耐心细致，不主动学习……

不可否认，对成功来讲，聪明才智很重要，但是再聪明，努力也不可或缺。

在影响学习的因素中，孩子的智力因素所占的比重越来越轻，但是学习兴趣、态度、意志力、耐心则越来越重要。

家长在说这句话的时候，一方面是给自己心理安慰：我家孩子不是傻，只是不够努力罢了；另一方面是希望孩子树立信心，继续努力。也就是说，家长希望孩子把重点放在后半句话上。不过，孩子刚好相反，他们往往听到了前半句，自动忽略了后半句，他们心里吃下一颗"定心丸"，以为自己足够聪明，只要努力，就可以赶上别人。还有的孩子害怕努力以后也不能取得好成绩，就会很"难堪"，别人也不再觉得自己聪明，索性就放弃努力，还能留个聪明的美名。

这句不痛不痒的话给孩子带来的影响不仅是直接影响学习成绩，更重要的是让他产生麻痹心理，认为自己聪明，忽略了勤奋、努力等品质，从而影响成长。

原本勤奋、努力的孩子不努力了，他觉得自己抓住了聪明这个制胜法宝，其他一切品质都是可有可无的，从而产生了一种错误的认知：聪明比勤奋努力更重要。

曾经听一个网友说过："小时候，家里人一直说我很聪明，这也是我引以为傲的地方，我以为我比别人聪明。可是有一天我悲催地发现，我努力后并没有成功，以致自尊心严重受损，所以只好用懒惰来掩盖我不聪明这件事，让别人以为'他很聪明，只是不努力罢了'。并且从此以后不再努力，怕自己努力也改变不了失败，平白让别人看笑话。"

所以千万不要给孩子灌输这种思想，让孩子知道，持之以恒的勤奋、努力和聪明一样重要，在成功的路上都不可或缺。

当父母怎么那么难哪！孩子真的有那么脆弱吗？一句话就会影响孩子的一生吗？

孩子与父母朝夕相处，父母的言谈举止对孩子的身心发展影响重大。其中，最重要的就是父母语言的暗示力量。

如果你说自己的孩子笨，他可能因此心生自卑。就像我的母亲从小说我"可不算是聪明孩子，就是努力罢了"，我因此一直认为自己不够聪明，必须笨鸟先飞。即使有些时候我可以做得很好，也会缺乏闯劲，因为埋藏在内心里的自卑感会时时侵扰我。

如果你对孩子说："你很聪明，这次没考好，只是你粗心大意了。"孩子就会把精力放在证明自己的小聪明上，不再付出绝对的努力。

这个世界上没有做父母的准入考试，作家伊坂幸太郎曾经说过一句话："一想到为人父母竟然不需要经过考试，就觉得真是太可怕了。"我们既然把孩子带到这个世界上，就必须肩负起养育的责任。

鼓励和安慰需要用心去做，发现孩子的优点，指出孩子的不足，而不是一句简简单单的"你很聪明，就是不努力"就可以应付。

告诉孩子，想要获得成功，聪明才智固然不可或缺，但是更需要努力、勤奋、细心，让他远离耍小聪明的坏习惯。

你是直升机式父母吗

周六我带着儿子在公园里玩耍。

因为是周末，公园里的人很多，有几个孩子跑来跑去，玩得不亦乐乎。

儿子很高兴，一会儿和小伙伴们玩健身器材，一会儿拾几片落叶放进他的小书包里，说回家后要做书签。

突然，一个与众不同的小男孩儿进入我们的视野。他穿着厚厚的羽绒服，戴着帽子、耳暖和手套，穿得太多让他看起来显得有些笨拙。其他孩子都只穿了一件轻薄羽绒服，看起来灵便得多。

其实并没有那么冷，中午有十几摄氏度。

虽然穿得多限制了他的行动自由，但是很明显，他也想加入这群欢快的孩子中去。

然而，他刚跟上孩子们的步伐，跑到假山旁，就听到一个声音焦急地喊道："宝贝，别跑那么快，小心摔倒！"回头一看，是一个30岁左右的女人，应该是孩子的妈妈。

男孩儿没理会，又和小朋友们玩起了捉迷藏。他兴致勃勃地藏在垃圾桶旁边的大树后面。

"哎呀，宝贝，这里太脏了！你不怕弄脏衣服吗？"还没有被小伙伴找到，倒先被他妈妈找到了。

虽然多次被阻止，但是小男孩儿一直试图跟上其他孩子。

"宝贝，玩太久了，该喝水了，小心感冒嗓子疼！"妈妈的关爱本应该是温暖的，但是这种无处不在、无孔不入的"关心"早就变了味儿，她时时刻刻跟随着孩子，成了孩子成长的阻碍。

小男孩儿刚开始没回来，但经不起妈妈的再三唠叨，只好垂头丧气地坐到妈妈身边，一副意兴阑珊的样子。那位妈妈却高兴地说："就这样坐坐多好哇，不累也不怕滑倒，想吃点什么我给你拿。"

我的脑海里立刻蹦出来一个词：直升机式父母。

直升机式父母是指某些父母不停地观察孩子的所有活动，像直升机一样盘旋在孩子的头顶，时时刻刻监视着孩子的一举一动。他们包办孩子的一切，时时刻刻准备降落下来，以帮助孩子解决困难，干扰了孩子的行动，且在这个过程中时刻伴随着评价。

直升机式父母在孩子的成长过程中，事事包办、监控。他们包办孩子的生活，从吃饭到穿衣，从走路到玩耍；他们包办孩子的学习，为孩子买各种学习资料，报各种各样的辅导班；他们包办孩子的人际关系，帮孩子处理与小伙伴、与同学的关系；他们随时与老师联系，想知晓孩子的一举一动，甚至孩子长大以后，还要帮他们处理工作关系、婚姻关系。

毫不夸张地说，孩子的种种行为都受父母的各种主观评价的影响，自我意识逐渐淡薄。他们为了达到父母的要求，对自己要求过于严格，以期符合父母的要求，得到父母的肯定和赞赏。

直升机式父母是一种社会现象，尤其是独生子女，父母怕孩子受苦、怕孩子犯错、怕孩子受欺负、怕孩子不成才。受这种焦虑情绪的影响，父母像老母鸡一样护在孩子身边，事事都想帮孩子做到最好。

《如何养育成人：打破过度养育陷阱，成功养大孩子》一书由朱莉·利斯考特-海姆斯博士所著，书中重点讲述了过度养育的危害。过度养育造成孩子韧性差，个人意识受父母影响过大，自我意识薄弱。

过度养育无疑剥夺了孩子自我成长的机会。小亏不吃吃大亏，小苦不吃吃大苦。父母对孩子的成长全面控制、圈养，不让孩子直面风雨，不给孩子自我思考的机会，孩子的潜能得不到应有的开发。从长远来看，并非对孩子好，反而害了孩子。

这种"新富养"对孩子来讲危害很大，这些负面影响甚至延续到孩子成年以后。在孩子的成长过程中，父母要做的不是全面控制，而是适时引导。

孩子从小连家务都不插手，也没有独立做过什么，因为父母总在身边"监视指挥"。在父母不间断的指挥中，孩子逐渐失去自我。一旦走向社会，独自面对生活中的大小事务就容易焦虑，以自我为中心，对新事物和新环境缺乏兴趣，缺少冒险精神。他们成长的动力是得到父母的认同和肯定，而不是自己内心的需要。

放弃过度保护，尊崇慢教育。直升机式父母对孩子的要求很高，为了让孩子得到更好的发展，他们对孩子过度关注、过度保护。父母将过多的精力放在孩子身上，也在一定程度上失去了自我，常常变得精神紧张、神经质、爱比较。

要知道，你的孩子不仅仅是你的孩子，在此之前，他更应该是他自己。终有一天，他会踏上一个人的旅途，创造自己的天地。所以，适时放手既是一种理智的爱，也是一种长远的爱。

父母应该在孩子的成长过程中，特别是成年以后，给他们自我发展的空间，让孩子自己经历风雨。

家长退一步，孩子进一步，给孩子适度的自由发展空间。在孩子三四岁，让他帮你拎东西；孩子上幼儿园、上小学，让他自己整理书包；在家里让孩子帮你做家务，从最简单的家务开始；孩子与小朋友玩耍，你只要远远地看着，不要上前指挥；孩子的房间让他自己整理，等等。

适当放手，让他一步步走，做"慢动作"父母，给孩子独立发展的空间。

适度放养不等于撒手不管。完全放手可以吗？当然不可以。放手要看在什么时候。比如，孩子玩具掉在了地上，让他自己捡起来；又如，孩子和小朋友发生小的争执，你需要让他自己去应对处理；再如，孩子吃饭，不要追着喂，让他自己感受吃饭的乐趣，从而对食物产生兴趣……

适时放手，从本质上来讲就是培养孩子独立处事、保护自己的能力。做"慢性子父母"，让孩子在尝试中自我教育，必要时再进行科学引导，让孩子吃点亏、受点伤，才会成长得更快。

过度养育虽然是出于对孩子的爱，但这种爱更像是枷锁，阻碍了孩子成长的步伐。起点是爱不是爱，终点是爱才是爱。你不可能照顾孩子一辈子，所以放开手吧，别再像直升机一样盘旋在孩子头顶上了！

标签是孩子的"紧箍咒"

昨天，和闺密带着自家的"小拖油瓶"一起吃饭。他家宝贝今年 8 岁，刚上三年级。说起孩子的学习成绩，闺密烦恼地说："我家孩子英语不行，愁死我了！"

两个孩子正玩得起劲，闺密家宝贝听到这句话后，眼神明显暗了下去。

我赶紧冲着闺密使了一个眼神，说："不会呀，我那天看到他的英语作业写得很不错呢。"然后换了话题。

事后，我提醒她犯了一个严重的错误：随意给孩子贴标签。闺密听了，不解地问："有那么严重吗？我就那么随口一说。"

当然很严重，三年级是一个特殊的阶段，因为刚开始接触英语，加上学习任务加重，孩子的成绩出现起伏很正常。作为家长，不应该嘲笑孩子的缺点，给孩子贴上负面标签，这样可能导致孩子一辈子都带着"英语不好"的标签。

父母随口一说的话，在孩子幼小的心灵中产生的影响却是很大的，容易导致成孩子长处越来越长，短处越来越短。学习一旦出现短板，从而产生厌烦情绪，形成恶性循环，再想改变就难上加难了。

在管理学中有一个贴标签效应。当某个人被贴上标签以后，他就会做自我印象管理，向着该标签限定的方向发展，使自己尽可能地符合标签的要求。这种行为是因为被贴上标签而引起的，故称为标签效应。

在家庭教育中，给孩子贴标签的现象随处可见。

反省一下，你是不是经常有意无意地说，"我家宝宝不爱吃蔬菜"，那么孩子会更加厌恶吃蔬菜。

如果你说孩子"怎么这么笨"，那么孩子会更笨，因为他觉得大人都认为自己笨了，再努力也没有意义。

当孩子哭的时候，你训斥孩子"是个爱哭鬼"，那么孩子会更爱哭鼻子。

你批评大宝："你这么喜欢欺负妹妹，真像一个虐待狂。"听了这样的评语，大宝会变本加厉地欺负二宝，因为他接受了你给他贴的"虐待狂"的标签。

你的这种语言暗示往往会让坏的事情发生。

在幼儿园里有一个小宝贝不喜欢画画，甚至表现出极度的厌恶。每次上绘画课时，他都表现出极度的不安。

他不画，一会儿说要喝水，一会儿又要上厕所，一会儿又说饿了要吃点心，总之找各种借口逃避画画。即使不得不拿起画笔也是随手画几个圆圈，非常敷衍，更别说享受画画的乐趣了。

我很好奇他对画画表现出的抵触态度，便联系了家长，想搞清缘由。

他妈妈是个心直口快的人，听我说他儿子逃避画画以后，她说以前孩子挺喜欢画画的，但后来她嫌弃孩子画得不像，说过他几句，会不会是因为这个？

小孩画画从来都是天马行空，充满了无尽的想象力。绘画天才毕加索曾经说过，世界上最会画画的就是孩子，每个孩子都是天生的艺术家。我们看不懂孩子的画，并不代表孩子画得不好，反而是我们想象力匮乏的表现。

而这位家长无疑在扼杀孩子的想象力，她给孩子贴上"画得不像"的标签，孩子就接受了这种负面评价，从而丧失了拿起画笔的信心。

我尽自己最大的努力，向这位家长讲清楚这种做法的危害，并建议她尊重孩子的画作，不要随意给孩子贴标签。我也希望孩子能尽快摆脱这个负面评语，重新成为一个小小艺术家。

有的家长故意说孩子哪方面不够好，本意是想采用负面激励，让孩子向好的方面发展。殊不知，在给孩子贴上负面标签之后，孩子会顺着家长的导向走，反而向不好的方面发展。因此，给孩子贴负面标签不仅难以达到预期效果，还可能让孩子在心理上接受自身的不足，破罐子破摔。

给孩子贴标签很难起到激将法的作用，因为孩子的思维能力发展较慢，当父母给孩子贴上某一特定标签的时候，孩子不自觉地会产生一种认同感，然后向着标签所指定的方向发展。

当家长对孩子的某方面能力作出负面评价时，他会对自己的能力产生怀疑，从而断定自己在这方面能力不足。一旦孩子接受了家长贴上的负面标签，就很难再有信心去为之努力。在潜意识里，他认为自己再怎么努力也不能做好，因为大人都已经断定了是很难改变的。家长在孩子心里的威信越高，给孩子贴负面标签的威力越大，产生的影响也就越大。

标签有负面就有正面。正面标签是对孩子能力的肯定，使孩子充分发挥优势并不断努力，家长可以利用正面标签的正向激励作用。

"我们家孩子很勤快，经常帮我做家务。"

"她很努力，学习成绩很好。"

"孩子真是懂事了，知道给我捶背了。"

给孩子贴上这样的标签，能在一定程度上起到正面引导的作用。

但我们必须认识到，正面标签使用不当，可能会产生不好的影响。不结合实际情况，随意按照家长的意愿给孩子设定标签，给孩子"拔高"，一旦他发现家长的评价存在"水分"，容易对家长失去信任，从而产生挫败感。

标签的作用是标志目标的内容和分类，可是孩子的成长具有无限的可能性，不应该被圈定。所以请不要随意给孩子设定标签，因为你的一个暗示，孩子的未来就可能被界定在一定的范围之内。

揪住孩子的错误不放，小心超限效应起反作用

周末，嘟嘟妈妈因为单位有事临时加班，就让嘟嘟爸爸照看孩子。下午，爸爸带着嘟嘟到附近的公园里玩耍。正好邻居家的牛牛也在，两个孩子本来就认识，就玩到了一块儿。

到了四点多，爸爸领着嘟嘟回家，两个孩子才恋恋不舍地分开。

到家之后，爸爸才发现嘟嘟手里多了一个小的托马斯火车玩具。

爸爸很纳闷儿，就问嘟嘟："宝贝，你的玩具在哪里拿的？"

刚开始，嘟嘟躲躲闪闪，但经不住爸爸一再追问，就支支吾吾地说："是牛牛哥哥送给我的。"

爸爸感觉嘟嘟在说谎，又问："宝贝，真的是牛牛哥哥送给你的吗？"

嘟嘟有些心虚，低头说"是"，可是声音很小。

"嘟嘟，爸爸希望你诚实一些。如果牛牛哥哥没有把玩具送给你，你擅自拿了他的玩具，他找不到会很伤心的。"

"是我在地上捡的。"

"那就不是牛牛哥哥送你的？！"

嘟嘟点头，没有说话。

"嘟嘟，你犯了两个错误，知道吗？"

"两个错误？"嘟嘟抬起头茫然地问。

"对呀，牛牛哥哥把你当作最好的朋友，把自己的玩具拿给你玩。可是你捡到了他的玩具不仅没有还给他，还悄悄拿回自己家，这是一个错误。另一个错误，就是爸爸问你玩具是哪里来的时候，你竟然撒谎了。爸爸很伤心，也很生气。"

看到爸爸生气，嘟嘟愧疚地低下了头。

"你还记得爸爸给你讲的'狼来了'的故事吗？撒谎有的时候是不可原谅的。"

嘟嘟认识到自己的错误，轻声地说："爸爸对不起，我知道错了。"

爸爸看嘟嘟认识到自己的错误，不再批评她了，而是陪着嘟嘟去把玩具还给牛牛。

妈妈回来后，知道了事情的原委，很是生气，因为她觉得，嘟嘟把自己教给她的道理全都忘记了。气过之后，妈妈再一次教育嘟嘟。刚开始，嘟嘟很惭愧，向妈妈道歉。

但当妈妈一直唠叨的时候，嘟嘟产生了逆反心理，她不再关注是自己做错了事情，而是如何停止妈妈喋喋不休的唠叨。她说自己不是故意的，以为牛牛哥哥不要了等。她开始为自己的行为找借口。听到嘟嘟为自己辩解，嘟嘟妈妈更生气了，认为嘟嘟的态度本身就是错的。

嘟嘟在爸爸给她指出问题的时候，就已经认识到了自己的错误。但是当妈妈揪住她的错误不放时，孩子便感到厌烦。因为随着妈妈一遍又一遍的唠叨，孩子心生反感，产生了"你不让我这样，我偏偏这样"的逆反心理。

孩子之所以出现这种心理，就是心理学上的超限效应。

马克·吐温有一次听牧师演讲，刚开始觉得牧师讲得很感人，内心很受触动，决定捐款。可是过了十分钟，牧师还在滔滔不绝地演讲，他心生反感，本来想多捐一些钱，现在只想捐一些零钱。又过去了十分钟，冗长的演讲仍在继续，马克·吐温决定，一分钱不会捐。等牧师的演讲好不容易结束了，马克·吐温已经变得十分气愤和厌烦，他不仅没有捐钱，反而从盘子里拿了一些钱，因为他觉得浪费了自己的时间。

类似这种刺激过多、过强和时间过长而引起不耐烦或反抗的心理现象，就是超限效应。

超限效应一旦出现，最开始的批评教育所起到的积极作用就会荡然无存，在家长一遍又一遍的唠叨和重复中，孩子想的是再犯错误的时候绝对不要让父母知道。这会激发孩子的逆反心理，造成屡教不改的情况。

孩子犯错的时候是教育孩子的最佳时机。因为批评是进步的启明星，能够帮孩子认清错误，明白更多做人的道理。

为了确保批评有效果，要保证孩子正在认真听你说话。孩子正在玩耍或者看电视、看书的时候，是不适合批评孩子的。这个时候批评孩子，他可能无法集中精力去听你说的话，使教育变成无用功。如果你觉得有必要在此刻给孩子讲道理，就让把他手头的玩具放下，告诉孩子要认真听你讲话。避免你说你的，孩子玩他的。

批评孩子要讲究方法。如果你觉得你讲了几遍，还想加深一下印象，可以采用不同的方式，让孩子认识到自己的错误行为。刚开始回忆事情发生的经过，引导孩子发觉自己哪里做错了，然后告诉他应该怎么做。除此之外，还可以通过故事来讲道理。

利用肥皂水效应，将批评夹在赞美之中，强化孩子的优点，弱化孩子的缺点。孩子希望得到父母的关注，如果父母经常将孩子的长处放在嘴边，适时地点出孩子的错误行为，保护他的自尊心，那么孩子不仅能够认识到自己的错误，还会有信心和动力去改正。通过表扬式的批评让孩子去改正错误，还可以避免孩子还没听你讲话就产生抗拒心理。

批评的时候要注意语气，不要打骂孩子，更不要爆粗口。大声咆哮、武力惩罚不仅不能解决问题，还会激化矛盾。孩子被打骂以后，自尊心受损，很容易产生破罐子破摔的心理。一旦出现这种心理，你再对孩子进行教育就很难再起到正面作用，孩子还会模仿你对待他的方式对待其他人。

批评要选准时机，谨记爱子七不责的原则，即当众不责、愧悔不责、暮夜不责、饮食不责、欢庆不责、悲忧不责、疾病不责。

批评的时候要避开公共场合，以免伤害孩子的自尊心。

孩子已经知道错就不要再批评了，以免孩子太过内疚，心理压力太大。

晚上睡觉之前不要责怪孩子，不然孩子容易失眠或者做噩梦。

吃饭的时候不要把餐桌当课桌，影响孩子食欲，不利于消化。

孩子正高兴的时候不要批评，一喜一悲，不利于身体健康。

孩子悲伤的时候不指责，否则会加重孩子的负面情绪。

爸爸也经常把单位的垃圾袋拿回家

周末逛超市的时候，我看到一位奶奶领着一个六七岁的孩子在品尝各种熟食。可是小孩子对熟食不是很感兴趣，不太想吃，那位奶奶竟然很生气地训斥道："你傻吧，不要钱的你不吃，别想让我给你花钱买好吃的。"

等结账的时候，这祖孙俩就排在我前面。奶奶把东西放在收银台上，小孩子想偷偷出去的时候，警报器突然响了。保安过来，发现小孩子偷偷把一支钢笔放进口袋。

奶奶有些恼火地把钢笔扔在收银台上，责骂孩子几句便没了下文。保安刚想说什么，那位奶奶立刻护短地说："小孩子拿点东西很正常，当大人的不能跟小孩子一般见识。"

保安也不好再说什么，我看到躲在奶奶后面的男孩无所谓地瞥了一眼。可以猜测，这个孩子会有偷窃的行为和大人的示范密不可分，大人爱贪小便宜，孩子也会产生不劳而获的思想。

邻居家的儿子今年5岁，聪明伶俐，是邻居家的宝贝疙瘩。不过有一次，我在楼下遇见邻居训斥儿子，原来是小孩偷拿了别的小伙伴的玩具，拿到楼下的广场玩的时候，被主人认出。

邻居训斥儿子为什么拿别人的东西。他儿子理直气壮地说："我喜欢这个玩具，家里没有，就拿回来了。"邻居批评他，他竟然说："爸爸不也经常把单位的垃圾袋拿回家吗？"弄得邻居哑口无言。

很多家长都像超市里的奶奶和我的邻居一样，道德界限比较模糊，认为顺手牵羊、小打小闹不算什么，所以爱占小便宜。

可是要知道，从饭馆偷拿个杯子，免费试吃的商品吃完还要拿着，参加保险公司的活动时偷偷往包里装两根香蕉，这些行为虽然小，但是孩子都会看在眼里，记在心里。他们在潜意识里认为，这样的行为是被允许的。

这就是为什么有些偷窃者并非来自家境困难家庭，而是家庭条件良好。最大的原因就是父母的道德界限模糊做出了错误的示范，加上对偷盗教育不到位所造成的。

媒体曾经报道过：一位失联的女大学生被证实是因为偷窃被捕，让人唏嘘不已。她学业有成，面容姣好，很多人都不理解她为何会偷东西。估计是刚开始偷占便宜形成了习惯，慢慢地有了不劳而获的思想，最后发生质变，目标瞄向了价值更高的东西。

要想孩子远离偷窃行为，父母一定要规范自身，不偷不抢，不占小便宜。给孩子做好榜样。

当孩子出现偷盗行为的时候，先把东西还回去。静下心来，再与孩子交谈，了解孩子偷拿东西的原因，适当教育，不仅能让孩子杜绝偷窃行为，还能让孩子的心智更加成熟。

除了父母的错误示范，还可以从下面的原因来分析孩子为什么偷窃。

物权不明。教育专家常说 2 岁孩子的哲学是"我的我的，什么都是我的"。所以我们一般不会说孩子是偷，可是过了 3 岁，孩子如果没有建立明确的物权意识，可能就会养成爱拿别人东西的习惯。

欲望得不到满足。孩子小，可能说不出自己偷拿的原因，父母要站在孩子的角度分析。孩子偷东西是出于内心的喜欢，应该告诉孩子以后遇到自己喜欢的东西，可以告诉爸爸妈妈，爸爸妈妈会根据实际情况，判断是否予以满足。即使不能满足，也要给孩子充分的理由。

自我中心。依据发展心理学理论，孩子在两三岁的时候处于自我中心发展期和关键期。如今的孩子大多数是独生子女或二胎宝贝，如果不注意对他们去自我中心的思维训练，会更加强化这种自我中心性。

追求刺激。有些孩子喜欢偷拿别人东西时的刺激感，觉得这件事只有自己知道，别人都不知道，内心产生一种不可名状的自我满足感。当然，最重要的是如何防范和处理孩子的偷盗行为。

父母自身要行为端正。勿以善小而不为，勿以恶小而为之。在生活中，自己远离爱占小便宜、投机取巧的坏习惯，给孩子做好榜样。事前预防比事后惩罚更重要。在孩子 1 岁以后，给孩子挑选绘本或者睡前故事的时候，就应该适当加入事前预防，让孩子从小就知道偷窃可耻，帮助孩子远离偷盗行为。

帮助孩子树立物权意识。在家中为孩子准备专属物品，如碗筷、水杯等，来帮助他强化"我的""你的"和"他的"物权观念。给孩子独立的私密空间，不经他允许，别人不能进入，让他知道：这是我的地方，这是我的东西。同时向孩子灌输这种观念：别人也有别人的地方和东西，没有经过别人的同意，不可以随意乱拿乱翻。

锻炼孩子的自制力。斯坦福大学曾经做过著名的棉花糖实验，通过跟踪调查，发现自控力高低与孩子的发展关系密切。在家中进行自控力训练的方法主要有陪孩子玩"请你跟我做""躲猫猫""木头人"等游戏，对于孩子提出的要求，请他等几分钟，稍微"延迟满足"，但注意给孩子说明明确的等待时间，不要让孩子失去耐心。不要打断孩子游戏和自言自语，给孩子自由的空间，因为自己玩耍的时候专注力更强。

设身处地地劝告。外甥回家的时候，手里多了一个精致小巧的玩具模型。他妈妈看到了，忙问他是从哪里得来的。当知道他拿的是同学的玩具时，他妈妈劝他："如果别人拿了你的变形金刚玩具，你会不会很难过？"变形金刚是外甥最喜欢的玩具。他认真想了想，点了点头。"那你会到处找吗？"外甥说会。既然这样，你的同学会不会到处找呢？经过他妈妈的耐心引导，外甥终于认识到自己的错误，答应明天上学把玩具放回去。

引发孩子的羞愧感。一位爸爸发现儿子偷拿了超市里的玩具，他除了让孩子把玩具放回去，还找来超市里的负责人，让儿子复述发生了什么。儿子以为把东西还回去或者向爸爸道歉就可以，没想到还要告诉陌生人。这件事带给他的震撼足够伴随他一辈子，让他再也不敢不经允许就随意拿取别人的东西，让他知道偷拿东西的难堪，从而再也不敢偷拿别人的东西。这才是最重要的。不过这种方法应该适度，避免大范围传播，不然会给孩子造成心理阴影。

戒除孩子不劳而获的思想。从小要引导孩子通过正当竞争的渠道达成目标，而不是通过不劳而获、撒谎欺骗达到目标。

樊胜美的妈妈为何成了最失败的家长

电视剧《欢乐颂2》播出时，大家开始热切地讨论五个女孩儿的点点滴滴……每个人都个性十足，可是剧中令我印象最深刻的不是"五美"，也不是和她们产生情感纠葛的男主人公，而是樊胜美的爸妈——世界上最失败的家长。

樊爸瘫睡在床，加之两个人的性格特征和对待儿女的态度存在很大的相似性，所以我们就从樊妈的角度来看看他们家的家庭教育存在的问题。

她重男轻女，每天都想着怎么压榨女儿，接济儿子。

她心机重重，为了牵制儿媳，逼迫女儿按揭买房写自己的名字。

她表面上为孩子操碎了心，实际上家里的现状都有她的"功劳"。

她没有大智慧却有些小聪明，全用来算计女儿。

她没有主见，遇大事慌乱无措，只会哭诉哀求。

…………

樊家既没有把儿子培养成独立的男子汉，也没有保护女儿的尊严和格局。她拼命榨取女儿，输血给儿子儿媳。她知道自己的儿子懦弱无能，她没有想办法去帮助儿子独立，而是打歪主意：借助女儿的力量去支撑儿子。

爸爸、妈妈、哥哥、嫂子、侄子，一家人像寄生虫一样攀附在樊胜美身上，让这个聪明美丽的女孩儿不堪重负。无论做什么事情，她都背负着包袱，只能考虑短期经济利益，无法考虑长远。

龙生龙，凤生凤，老鼠的儿子会打洞。樊胜美的嫂子比哥哥有过之而无不及。她甚至理直气壮地对樊胜美说："我们家雷雷说了，长大了要让姑姑帮他找工作！"

自己毁了，又要毁掉自己的下一代。真没法儿想象可怜的雷雷在这种家庭环境中长大，会成为什么样的人。

有句话说：人自己不想站起来，别人再帮忙再着急也没有用。所以拒绝自救的樊家成了剧中最令人讨厌的一家子，是扶不起来的阿斗。

其实，不管是樊家大哥的混账行为，还是樊胜美的虚荣，这一切都可以归结于他们家庭教育的失败。

一个儿子一个女儿组成一个"好"字，这是多少家庭最美好的期许。与很多人喜欢姐弟组合不同，我认为最好的组合莫过于兄妹组合。哥哥有担当有责任感，偶尔会"欺负"一下妹妹。妹妹机灵可爱，不时会使小性子，耍耍小脾气。

当然，女儿先来还是儿子先来并不能随心所欲。显然樊胜美的妈妈比较幸运，她被老天眷顾，不仅有一儿一女，而且是哥哥妹妹的最佳组合。那么，幸运的樊妈是如何把这一手好牌打稀烂的呢？

一是富养儿子、穷养女儿。樊妈养儿为无知富养，造成儿子好吃懒做、庸俗无能，心安理得地接受嗟来之食，变成了不折不扣的寄生虫、惹事精、吸血鬼。

她对女儿的无知穷养，造成女儿拜金虚荣，对经济基础的考虑影响了她和王柏川的爱情。樊胜美的很多性格缺点在樊妈的身上都有迹可寻。

二是过于重男轻女。樊妈事事为儿子考虑，像推土机一样挡在儿子面前，将他成长道路上的一切障碍都清扫干净。表面上看是为了儿子好，可是这在无形之中也剥夺了儿子锻炼和成长的机会。

儿子惹祸的能力和成长的需要越来越膨胀，可是她扫平障碍和提供物质的能力越来越弱。正是因为她的过度干涉，导致儿子没有获得足够的理智和能力，所以才会麻烦重重、束手无策。

这个时候，最倒霉的就是独自长大的女儿。樊妈经常挂在嘴边的一句话就是：你是这个家里最有出息的人，你不管你哥，谁管你哥？

因为母亲把一切精力都放在了儿子身上，不经意间却给了女儿独自锻炼的机会。所以像野花一样没人遮风挡雨的樊胜美能力强、心眼儿多、工于算计。

看到她，经常想起《红楼梦》中的王熙凤。生存的社会环境不同，她自然不会像王熙凤一样机关算尽误了性命，然而她丢掉的幸福感却很难找回。

三是贪心不足幸福感极低。我很少看到樊妈真心地、充满幸福感地笑。她对生活、对儿女、对未来忧虑重重。对儿子做什么都不放心，对女儿的付出从不满足，她苛刻地要求女儿做这做那。在这种低气压的人面前，别人也很难有幸福感，造成身边的人感知幸福的能力匮乏。

樊胜美没有安全感，从她对经济的过度追求，可见从小的生活环境带给她的影响深入骨髓。

穷养女儿造成女儿没有丝毫安全感，幸福指数也很低。她嫌弃王柏川的无能，嫉妒安迪的能力，憎恶曲筱绡的幸运。樊胜美心比天高命比纸薄，不仅有来自家庭的拖累，还有性格里的弱点。

自信与自卑、自怜与自弃构成了她矛盾的心理。

她是精于算计的职场老油条，她是美丽动人的魅力樊小妹，她是紧跟潮流的时尚俏佳人。可是透过重重表象，可以看到，她内心很脆弱且没有安全感。

她需要金钱、美貌和车房来掩盖自己的不自信。她用两千元一盒的奢侈品牌面膜，她去理发店用最好的护理产品，她为了显示自己的优越性借安迪的房间接待王柏川……

特别是当她从邱莹莹那里得知，自己看不上的应勤竟然有车有房的时候，她的第一反应不是替姐妹高兴，而是感到失落：刚走上社会的应勤已经有车有房了，可是王柏川什么也没有！

反观二十二楼其他"四美"，幸福感最强的当数最"傻"的"小蚯蚓"了。

"小蚯蚓"可以挤地铁、吃麻辣烫，可以做推销员、做客服，这些都是自命清高的樊胜美不屑一顾的。可是被别人叫作"傻瓜"的"小蚯蚓"从这些普普通通的事情中能感受到极大的幸福感和成就感。

她想说就说，想笑就笑，难过就痛哭流涕，无助就处处求助。曲筱绡因同父异母的哥哥天天算计要如何表现自己，安迪内心有自己不敢触碰的禁地，关关活得战战兢兢、小心翼翼，只有她最无拘无束，活出了真性情。

要说家庭条件，"小蚯蚓"家和樊家有一拼。可是因为邱爸爸邱妈妈用爱滋养，所以"小蚯蚓"才养成了知足常乐的性格。除了刚失恋失业的时候，她几乎每天都幸福感爆棚。

纵使樊胜美有"小蚯蚓"羡慕的颜值、工作，甚至有王帅哥做男朋友，可是她每天都在想着如何获得更多、爬得更高、走得更远。追求美好的未来无可厚非，可是如果感受不到幸福，再美好的事物都没有意义。

樊胜美在一个不正常的家庭中成长，她的价值观已经扭曲了，她把自己的不幸福归结于家庭的经济拖累。其实不幸福的根本原因是家庭灌输给她的不正常的幸福观和成长过程中养成的矛盾性格。人不自救，无人能救，如果不改变自己对幸福的看法，幸福永远也得不到。

不管你的孩子是"胡同公主"还是"宝马公主"，都要记得给她最好的爱。因为即使没有安迪的才情和曲筱绡的财富，被爱滋养的孩子长大后也会是幸福感爆棚的"小蚯蚓"。

走出糟糕的原生家庭

和一个读者聊天，她说自己和老公又吵架了。

她的父亲常年酗酒，喝醉了就对母亲发脾气，偶尔还会动手。她母亲是个特别传统的女人，即便父亲如此对她，她也坚持不离婚，认为离婚的女人活不下去。最终，在读者 13 岁那年郁郁而终。

受母亲去世的打击，父亲幡然醒悟，下定决心戒了酒，生活一点点好起来。她高中毕业考上师范大学，现在做了一名小学教师。但是她发现，自己过得一点儿都不快乐。

长大成家以后，她经常因为小事儿莫名其妙地和丈夫争吵，争吵的时候歇斯底里，可是过后又觉得是自己小题大做，常常陷入悲观失望的情绪之中。

"我的性格很莫名其妙，既有父亲暴躁的一面，又有母亲悲观的影子。我恨父亲，是他让我的生活陷入贫困交加的境地；我也恨母亲，她为什么不敢离婚，带我离开那个糟糕的环境。她最后耗死在这个家里，让我在那么小的时候就成了没有妈妈的孩子。所以我不敢要孩子，就怕孩子和自己一样受苦。"

著名"家庭治疗大师"萨提亚认为，一个人和他的原生家庭有着千丝万缕的联系，而这种联系有可能影响他的一生，当然也会影响他的婚姻关系。

原生家庭对人的成长很重要，然而，人是否永远都会被原生家庭所禁锢，走不出原生家庭的阴影呢？未必。

埋怨原生家庭的时候，更多的是承认了自己对现实的无能为力，承认了自己没有能力改变现状。这是一种妥协，却缺少反思。

文学大师东野圭吾在著作《时生》中说："悲观也没用。谁都想生在好人家，

可我们无法选择父母。发给你什么样的牌，你就只能尽量打好它。"

没有人可以选择自己的父母，如果不幸生在一个糟糕的原生家庭，我们要做的不是悲观与妥协，而是努力让自己更坚强、更优秀，规避父母的缺点，让糟糕的原生家庭在自己这一代终结。

糟糕的原生家庭对孩子最大、最坏的影响就是他不仅要承受来自父母的伤害，也学会了父母的处世方式，然后将这种痛苦施加在自己的孩子身上，一代代传下去。如果一直没有人觉悟，所有人就禁锢在这个怪圈中无法逃离。

放下心中的执念。谁都受过伤害，可是当伤害来自最亲的父母时，我们往往很难选择原谅。你会想："他们是我在这个世界上最亲的人，他们把我带到这个世界上，竟然伤害了我。我无法原谅。"

父母接受新生事物的能力有限，就像你永远无法完全懂得自己子女的想法一样，不要去过多地改变他们。

如果你想走出这个怪圈，没有人能帮你，只有自己觉醒。只有终结糟糕的原生家庭，不给自己的后代传递这种错误的生存观，这种状况才能有所改观。

和父母和解。有人对自己的父母充满怨恨，但是这种怨恨其实隐藏了他对亲情的渴望。与父母和解，就要认识到父母对自己的关爱。他们不是不爱，而是不懂得爱。父母受到时代的局限，受教育程度低、见识少，他们从小就是这样长大的，根本没有意识到会给子女造成伤害。而且在他们的生存环境里，有我们所不知道的酸楚和不易。

学会体谅他们，敞开心扉，试着回应他们笨拙的爱。和父母和解的过程，也是自我解脱和成长的过程。

心怀感恩之心。由于缺乏感恩意识，加上关于原生家庭的口诛笔伐之风，我们总是纠结于原生家庭的众多诟病：那些没有得到的关爱、那些失去的笑容，却忽略了父母给我们温热的饭菜和遮风挡雨的屋檐。

除了少数不合格的父母以外，哪个父母不想给自己的儿女最好的爱呢？但是父母那一辈人生活条件有限，为生计奔波，为衣食住行奋斗，他们没有机会，也没有时间用温情滋润子女。对于他们的不易，我们要多一些体谅，多一些感恩。

努力改变现状。不可否认，原生家庭对人的性格塑造、个性特点、性格养成的影响都是很大的，但是原生家庭的影响已然形成。我们重新审视原生家庭的意义在于由此认识自己的优缺点，从而改善自己的缺点，而不是整天抱怨、沉溺于往事，怨天尤人。

原生家庭贫穷，那就努力奋斗、努力学习，让自己增值，去创造财富。

原生家庭不和睦，那就努力去经营自己的家庭，给孩子一个温馨的成长环境。

原生家庭不完整，那就找一个懂爱且会爱自己的人，组建一个温暖的家庭。

原生家庭父母脾气差，那就试着控制自己的情绪，做情绪的主人。

你就是孩子的原生家庭，过去已经无法改变，但是未来掌握在自己手中，试着做出改变吧！走出糟糕的原生家庭怪圈！让糟糕的原生家庭在自己这一代终结，给子女一个温暖有爱的家庭，这才是为人父母的责任所在！

孩子会不会举一反三，关键在于你是否培养他的这种能力

周末的时候，刚参加工作的表弟和我聊天儿，上来就吐槽自己被一同进入公司的同事抢了风头，我忙问是怎么回事儿。

原来，表弟和另一个同事一起进策划部，领导安排他们策划一场大型的赶海节活动。两个人各自完成了策划书，可结果是领导夸赞了同事的方案构思，对他的方案只字未提。

更令表弟郁闷的是，同事的方案内容和自己的相差无几。他实在想不明白自己的方案为何被打进冷宫，甚至怀疑领导不喜欢自己。

我建议他把同事的策划方案拿来仔细看一下，从对比中发现自己的不足。

他照做以后对我说，同事的方案中加入了很多类似的活动照片，他的方案里只有几张图表。同事也爽快地告诉他：自己在写方案之前，先仔细查看了档案室里的其他方案，发现很多成功方案里都有图片，因此断定领导喜欢图文并茂的形式。表弟闻言，自愧不如。

我问他知道自己输在哪里了吗？他说输在自己不细心，想问题不够全面。

想问题不全面，说得更直白点，就是缺乏洞察力。

什么是洞察力呢？很多人把洞察力称为观察力，其实它的范围要比观察力更广泛，是指观察能力、分析能力、判断能力的综合体。在心理学研究中，洞察力被认为是创造力、想象力、策划力、意志力、注意力的心理基础。

孩提时代，如果不注重培养孩子的洞察力，他注定要在学业和工作中吃更多的苦。洞察力弱，必然导致反应不够灵敏，对问题的思考不够全面，难以做到举一反三。

法学家奥立弗·霍尔姆斯曾经说过："瞬间的洞察力,其价值有时候相当于整个人生的经验。"

《世说新语》中讲过"竹林七贤"王戎儿时的一件事。

王戎7岁的时候,和小伙伴们一起到郊外游玩。他们走得又渴又饿,却没找到水。

这时,他们看到前方路边有一棵枝繁叶茂的李子树,上面结满了圆圆的大李子。大家都很高兴,一哄而上去摘李子,只有王戎一动也不动。小伙伴问他为什么不摘李子,王戎说这棵李子树结的果子是苦的。

小伙伴们不信,摘了李子一尝,果然如此。他们非常惊讶,问王戎是怎么知道的。王戎说:"这棵李子树就长在大路边,结满了李子却没人摘,树下又都是被咬了一口的李子,所以我断定,李子一定是苦的。"

王戎通过观察思考,没有尝李子就断定李子的味道,就是因为他有过人的洞察力。

有时候,我们看到的物象是表面的、浅层次的,它们背后隐藏着无数的秘密。仔细观察和思考是洞悉一切的法宝,而洞察力就是最好的武器。

洞察力强的人更容易看清事物的本质。在看一件事物时,洞察力强的人通过深入观察,清楚了解全貌之后,能透过现象看本质,在很多别人熟视无睹的地方洞察先机。

洞察力强的人更容易抓住事物的重点。强大的洞察力能够让人分清事物的脉络和主次关系,从而能够快速认识事物。

有自己独特的想法和见地。洞察力强的孩子在和别人谈话的时候,经常会把"我以为""我觉得"挂在嘴边,说明他们说的话不是简单的应答,而是经过自己的思考得出来的。

实际上,在父母养育孩子的过程中,普遍存在很多损害孩子洞察力的做法。

具体有哪些呢？

破坏孩子专注力。不少家长看到孩子安静地玩耍或观察时非常乖巧，心想：我也参与进去给他鼓励吧。还有些家长一会儿怕孩子饿了送块点心，一会儿怕孩子渴了送杯果汁，不经意间，就剥夺了孩子锻炼自己集中注意力的机会。等孩子长大后，很难集中精力去观察思考问题。

对孩子的提问不重视。记得小时候，我问妈妈："为什么夜来香只在夜里开花，白天不开花？"妈妈不耐烦地说："去去去，没看我正忙着吗？"还有我不明白为什么太阳总是从远处的山后边出来的，河里的鱼是自己长出来的吗？这些问题都没有得到爸妈的耐心解答，反而会遭到斥责。

从那以后，我就不喜欢再多问问题。在无形中，我丢掉了很多锻炼思维的机会。孩子提问的时候就是他在思考的时候，家长不及时回应，就错过了启发孩子的最好时机。

打断孩子的观察行为。记得在公园里，我看到一个孩子趴在地上看蜗牛上树。蜗牛爬得很慢，孩子看得很有耐心。可是孩子的妈妈上前，一把把孩子拉起来，斥责道："脏死了，你一点儿也不听话。"

孩子意兴阑珊地跟在妈妈后边离开了。我想，他心里或许还在思索，蜗牛爬树这么困难，为什么还要爬上去呢？蜗牛后边长长的银线是什么东西？把孩子拉走的妈妈不知道，观察事物是孩子认知世界的重要过程和方法，打扰孩子的观察行为，会让他对事物失去兴趣和耐心。

代替孩子思考。下班回家的时候，我问儿子今天去哪儿玩了，儿子指着窗外，刚想说话，我妈就抢着说他们去了广场。

我又问他和哪个小伙伴一起玩耍了，还没等儿子回答，我妈又接话说和谁谁谁一块儿玩了！儿子觉得无趣，扭头走了。过度勤快的家长剥夺了孩子思考的机会，不利于孩子洞察力的提升。

培养孩子良好的洞察力，不仅仅能提升孩子的学习成绩，也能在社交、职场等方面给孩子提供优势。那么，如何提升孩子的洞察力呢？

保护孩子的专注力。好的专注力是观察的基础。孩子天生具有专注于自己感兴趣的事情的能力，做家长的不能不分时机地关心、干扰、催促他们。更重要的一点是，要对孩子的重复行为给予理解和包容。当孩子反复玩同一个玩具、翻同一本书的时候，家长应该给他独处的时间和空间，让他专心遨游于自己的世界。

提醒和肯定孩子的观察。孩子天生好奇，对身边的事物充满了探究的欲望。家长要充分利用孩子的好奇心，和他一起观察身边的人和事。到农村去，看牛和羊的区别，教会孩子从体形、外貌、叫声等方面分辨牛羊，还应该适度引导，促使孩子加深观察、思考的深度。带孩子去爬山，看到花草树木、虫鱼鸟兽，他一会儿看看这个，一会儿看看那个，很是高兴。你可以指着水里的鸭子说："哇，小鸭子好可爱！"孩子的注意力会更多地停留在鸭子身上，无形之中，增加了注意的深度，也会观察得更仔细、更全面。

培养孩子的逻辑推理能力。孩子3岁以前，思维以动作思维为主，他从不断的操作中获得经验，思维在动作中进行，家长应该给孩子提供更多的尝试机会。

3~6岁，孩子的具象思维更占优势，缺少立体感和空间感，这个阶段要借助实物来理解事物之间的关系，家长应该多鼓励孩子动手、提问。

6~12岁是培养孩子抽象逻辑思维能力的黄金时期，有意识地对孩子设疑，让孩子学会独立思考，鼓励他动手探索，不能提供现成的答案。

丰富孩子的知识储备和人生经验。知识的积累能够开拓孩子的思维，家长应该通过阅读、听讲座、看益智视频，提升孩子的知识储备水平。有机会就带孩子走出去，旅游、走亲访友、闲逛，孩子的视野开阔了，即使面对同一种现象，也会有很多思考和表达。

教育家赞可夫曾经明确指出，学生学习成绩落后的原因纵然是复杂的，但普遍的特点之一是洞察力差。洞察力不是科学家、学者的专利，注重培养和锻炼，我们也能帮助孩子增强洞察力，帮助孩子"窥一斑而知全豹"。

我家孩子是个"人来疯"

同事肖做了切除副乳的手术，在家静养。周末，我约了办公室其他几位女同事去看望她。

开门的是肖的丈夫，刚进家门，就看到肖的女儿妮妮在阳台上玩积木。他让妮妮和我们打招呼。妮妮甜甜地喊我们"阿姨"，同事们都直夸她懂事。

我们在客厅坐下，和肖聊天。

谁知妮妮突然凑过来，让妈妈给她讲故事。肖说："宝贝你先去玩，等会儿我再给你讲故事。"妮妮噘着嘴回到阳台，不到一分钟，她又回来了，问肖"奶奶给买的饼干在哪里"。

肖拿给她，回头跟我们说："这孩子，人越多事越多，刚才自己玩得可高兴了！"话音刚落，妮妮放下饼干，又打开电视，声音开得很大。肖的丈夫把电视关上，接着把女儿抱到阳台上。

刚一转身，妮妮又拉着一个很大的玩具箱子，要给我们展示。肖让她先出去玩，她不肯，把玩具一股脑儿地倒在茶几上，弄洒了两杯果汁。肖有些生气，大呼丈夫，让他快把女儿带出去。

妮妮听了，气得大哭起来，说什么也不肯出去。肖的丈夫想抱起女儿，可是她躺在地上打滚。

肖尴尬地说："你看看这个'人来疯'！人越多越不听话！"

生活中，有很多这样的孩子：平时很听话，情绪稳定，但是一到人多或者陌生的地方，如商场、车站等，就会陷入一种异常兴奋的状态，变成了"小讨厌鬼"，大声说话，又哭又闹，专做父母不让做的事。别人感到尴尬，家长也不知道怎么让孩子安静下来，俗称"人来疯"。

面对孩子这种异常兴奋、不给大人面子的行为，很多父母都觉得束手无策，道理讲不通，在公共场合觉得十分尴尬，还给别人留下"教子无方"的坏印象。

孩子"人来疯"的原因究竟是什么呢？为什么平时乖巧懂事的孩子，在陌生人面前或陌生场合会出现这种不受控制的行为呢？

心理学家认为，"人来疯"行为的出现是儿童心理不成熟和自控力差的表现，包括孩子的年龄因素、性格因素和家庭教养方式等。

只有深入了解孩子"人来疯"的原因，才能对症下药，增强孩子的自我控制能力。

自我控制能力弱。 出现"人来疯"行为的孩子年龄一般在 10 岁以下，特别是 3~7 岁的孩子。他们的行为以自我为中心，尚不懂得考虑别人的感受。而且这个年龄段的孩子大脑皮层神经活动兴奋与抑制尚未达到平衡，兴奋过程强于抑制，行动带有很强的冲动性。家里有客人或者在公共场合的时候，别人喜欢逗弄孩子，父母又不好强加干涉，聪明机智的孩子们察觉到这种变化，更加肆无忌惮，难以控制自己的行为。

表现欲望膨胀。 关于孩子的"人来疯"行为，弗洛伊德定律分析，此乃人类自我表现欲的无端彰显。平时爸爸妈妈忙工作、忙家务，没有时间带孩子出去旅游、做客，孩子的交际圈狭窄。当家中有客人或来到陌生的公共场合时，孩子会感到好奇、兴奋，急于表现自己，吸引大家的注意。如果大家忙于交谈，对孩子不理不睬，他就会觉得被冷落，会千方百计地表现自我，通过哭闹、打滚等方式寻求别人的重视和关注。

家长自身比较情绪化。 很多父母自身思想行为比较情绪化，高兴的时候，看孩子什么都好，孩子提什么要求，不管合理不合理都答应。可是一旦自己心情低落，便对孩子随意训斥指责，孩子做什么都是错的。这样就会造成孩子情绪不稳定，父母高兴的时候他兴奋疯狂，忘乎所以；父母不高兴他就胆小瑟缩。

家长教育观念存在冲突。 很多家庭，父母与爷爷奶奶、外公外婆一块儿带孩子。但是受教育程度、年龄等因素影响，通常存在不一致的教育观念。父母对孩子的教育会偏重自立、规则等方面，隔辈家长却常常宠溺、放纵孩子。孩子们很聪明，他们发现在父母那里行不通的，在隔辈家长那里却一路绿灯，就学会了见风使舵。客人的态度更像隔辈家长，对孩子很包容，不管孩子做什么都尽力夸赞。故而，孩子在隔辈家长和客人面前会更放松，做出很多平时不敢做的举动来。

了解了孩子"人来疯"行为的原因，我们就知道，"人来疯"更多的是一种宣泄，暗示他需要别人给他更多的关注！但是孩子在公共场合胡闹，毕竟会给自己和别人造成很大的困扰，爸爸妈妈该如何控制这匹脱缰的小野马呢？

平时下足功夫。有些孩子平时得不到关注，父母把他交给电视和玩具，孩子很少见陌生人，所以见到客人或者到了陌生环境会很新奇。父母要多陪伴孩子，参与到孩子的世界中去，和他一起唱歌、做运动、玩游戏。如果日常孩子得到足够的关注，就不会在人多的场合寻求"补偿性关注"了。节假日里，父母要经常带孩子出去走走，游公园、逛超市、走亲访友，扩大孩子与外界的接触。当他们经常与陌生人接触后，孩子的感官得到足够的刺激，对陌生人感到习惯，就不会一见到陌生人就兴奋不已了。

提前打好"预防针"。在家里要来客人的时候，提前告诉孩子，"一会儿妈妈的朋友要来，就是那个头发长长的，喜欢叫你小宝贝的阿姨。我希望你能帮妈妈招待她，妈妈可能和阿姨要聊聊天儿，你一定要帮我看好闹闹（家里的小狗），别让它给我捣乱哪！"把这些话反复对孩子说上几遍，他便会有心理准备：一会儿有客人来，妈妈不能一直陪着我。这样一来，无形中就避免了孩子出现心理落差，还会让他们责任感倍增。同样，出门之前，也要对孩子说具体要去哪里、可能会遇到什么人、什么事，孩子有心里准备，就不会太兴奋。

给孩子安排"表现"的机会。家里来了客人的时候，父母千万不要为了招待客人而把孩子晾在一边。如果孩子提出喝水、看电视等合理要求的时候，要一一满足，不要让他觉得自己被忽视。还可以和孩子一起招待客人，给客人倒茶、帮忙拿吃的，或主动安排他给客人跳舞。孩子很享受这种"我很重要"的感觉，就会显得像个"小大人"一样懂事。让孩子参与待客，引导他合理地表现自己。当孩子的表现欲得到满足，就会比较容易安抚，更能听从大人的安排。

合理应对孩子的"人来疯"行为。如果对孩子的行为气急败坏地指责,可能会伤害孩子的自尊心,激起他们的逆反心理,加剧孩子的"来人疯"行为。如果父母觉得孩子的行为确实不当,不要碍于有客人在场或者公共场合人多就姑息纵容,可以直接走到孩子面前,用温和而坚定的态度和语气制止孩子的行为:"宝贝,这样跑来跑去、大喊大叫,我心里很烦躁。"然后通过有限选择的方式来给予孩子行为上的建议,比如:"你是自己坐下来看看绘本,还是搭积木呢?"转移他的注意力,让他安静地玩耍。

孩子出现"人来疯"行为,暗示他这个时候更需要被关注和爱,你千万别误解他,而是及时给予他爱的眼神和拥抱,让他被温暖包围,这样他会慢慢变回可爱的理智宝宝。

第四篇　优质的教育是最合适的爱

你家的"害羞宝"是怎样炼成的

朋友怀了二胎，在微信群里向我们抱怨她在家很无聊。周末，我和几个朋友一块儿去看望她。

其中一个朋友还带着5岁的女儿，刚碰面，朋友就拉着孩子让她喊阿姨："宝贝，快过来，这是李阿姨，这是张阿姨，这是……"

可是孩子害羞地看看我们，任朋友磨破了嘴皮子，她就是不张口。

朋友大概觉得，自己教育孩子要懂礼貌她却不听话，自己很失败，便气愤地说："忘了在家里怎么跟你说的，带你出门要讲礼貌，你看看你，话都不说。"孩子仍旧不说话，最后干脆躲到朋友身后去了。

仔细想想，在我们身边，这种情况很常见：孩子在家很活泼，和熟悉的小朋友玩得很快乐，遇到认识的大人也很懂礼貌，可是到了陌生的环境，遇到陌生的人，就喜欢躲在大人身后，看到别的小朋友一块儿玩，想加入却扭扭捏捏不愿上前，让他和客人打招呼简直是强人所难。用老人的话来说就是：在家是只狼，出门变绵羊。

作为父母，可能会觉得孩子这样让你很没面子：这么害羞怎么成大事呢？

可是转念一想，我们到了一个陌生的场合不也要适应一段时间吗？有的人性格活泼，可能稍微感觉紧张，不一会儿就能融入新环境；有的人性格腼腆，需要较长时间才能和别人打成一片。大人尚且如此，更何况是孩子呢？

所以，我们不能不顾孩子的内心情感，对孩子表现出的害羞、怕生等行为一味地指责，要从心里认识到，这是孩子在陌生环境中一种自我保护的表现。

有的孩子天生内向，这也没什么不好，要给他时间和自由。不要为了自己的面子违背孩子的意愿，强迫他快速融入陌生的环境和陌生的人群，这样有可能让孩子产生防备心理，从而得不偿失。

还有的家长对孩子的表现不满，粗暴地说孩子害羞、胆怯，一旦给孩子贴上这样的标签，孩子形成心理暗示，反而会强化这种行为。这种恶性循环一旦形成，很难再帮孩子快速地融入陌生的环境。

烁烁是家里的三代单传，父母和爷爷奶奶都对他宠爱有加。

每当家里来人，爷爷奶奶让孩子打招呼，烁烁都会扭过脸去，理也不理。他们就会笑着说："这孩子，就怕生人。"他们不知道，这种无意识的语言暗示会让孩子对自己进行定位，从大人一次次的重复中认定自己就是一个害羞怕生的人，从而认为自己出现这种行为是理所应当的。

有一次，爷爷奶奶领着烁烁逛公园。在儿童乐园里，有好多孩子跑来跑去，烁烁也很开心地加入了他们。爷爷奶奶就跟在旁边，生怕孩子受一点儿伤害。

有个比烁烁稍微大一些的男孩儿想越过烁烁爬滑梯，顺手推了他一下，烁烁一个趔趄，并没有摔倒。爷爷奶奶就赶紧跑过去把烁烁护到身后，然后对那个男孩儿一番训斥。那个男孩儿被吓得"哇"的一声大哭起来，男孩儿的妈妈不愿意了："孩子之间肯定有个推推搡搡的，你们至于这么大惊小怪吗？"

一场争吵最终没能避免，大人们唇枪舌剑，却没有想到他们这样小题大做可能会吓到孩子。他们不知道，孩子之间发生小摩擦是不可避免的，在可控的范围内，应该给孩子机会去让他们自己学着处理矛盾。

从此，烁烁的爷爷奶奶再也不让他和其他小朋友一块儿玩耍了，每天把孩子关在家里看电视，玩玩具。

很多家长看护孩子时，出于防止受伤的目的，把孩子和其他小朋友隔开。还有的老人因为精力有限，不喜欢带孩子出门玩耍。再加上家庭环境比较封闭，人情往来较少，这样的看护造成孩子与生人的接触机会有限，从而不习惯、不擅长与陌生人打交道，而且容易导致孩子性格孤僻。

所以我们不能图一时省事，而选择把孩子关在家中，切断他与外界联系的通道，让孩子失去自然成长的社会环境。独木不成林，孩子的成长需要一个自由开放的环境。

此外，父亲缺位式的家庭教育也容易导致孩子孤僻胆小、性格古怪。

从小跟着奶奶生活的澳澳性格孤僻软弱，爱哭鼻子。每当澳澳和别的小朋友发生冲突，澳澳奶奶总是一把拉过孙子，让他"别和他们一块儿玩，回家看电视"。一来二去，澳澳不再喜欢和别人玩耍，除了上学，剩下的时间都花在看电视上。

澳澳在家里很受溺爱，从来都是说一不二。如果奶奶不顺他的意，他便躺在地上撒泼打滚，哭闹不止，奶奶只好如他所愿。尝到甜头的澳澳学会用胡搅蛮缠来达到自己的目的。

等澳澳10岁的时候，爸爸妈妈在市里买了新房子，便把澳澳接到市里上学。

住进新房的当天晚上，澳澳就被爸爸打了。原来是澳澳写字时眼睛离作业本太近，爸爸看到后就批评了他一句。没想到，澳澳不仅没有改正自己的错误，反而哭个不停，还扬言不用爸爸管。妈妈哄了又哄，还是没有效果，气得爸爸忍不住打了孩子屁股一巴掌，澳澳哭得更厉害了。

整个房间里充斥着澳澳的哭闹声、妈妈的指责声和爸爸的训斥声，搬进新房子的喜悦因为这件事消失得无影无踪。

爸爸没有参与澳澳的成长和教育，隔辈抚养导致澳澳养成了娇惯任性的性格，所以受不得一点儿批评和委屈。现如今，孩子的性格特征已经基本形成了，再想用爸爸的方式去教育他难度很大。

父爱缺位的孩子容易情绪化，过于感性，缺乏理智，与陌生人相处缺乏信心。

孩子的成长，特别是男孩子的成长路上，应该让家里的男人，尤其是爸爸多陪伴孩子，领着孩子出去玩耍，让他学会男人与人打交道和处事的方式。

你让孩子说谢谢，可他是否真心呢

我陪儿子在广场上玩耍，同小区的佑佑小朋友也在，他奶奶陪着他。虽然是中午，但温度只有十几摄氏度，并不是很暖和。

佑佑的奶奶给他买了一杯热豆浆，佑佑喝得还剩一点儿的时候，喝不下去了。可能是老人觉得凉了就不好了，就准备自己喝掉。没想到佑佑看到了，立马跑过来喊道："不许你喝我的豆浆！"

"白疼你了！你不喝了，还不让我喝？"

"那也不行，我明天喝！"

"什么熊孩子！"佑佑奶奶觉得有些难堪，小声嘀咕道。

"小孩子嘛。"我也觉得有些尴尬，不知道能说什么。佑佑奶奶疼爱孙子我们都知道，佑佑的爸爸妈妈都要上班，佑佑是由奶奶全权照顾的。平时孩子都是说一不二，稍有不如意就任性哭闹，直到达到目的为止。家里有什么吃的用的，全都先给佑佑。这个天气，如果不是孩子要求，估计老人家是不会出门的。

"平时孩子爱吃什么，我们都让着他，恨不得把家里好吃的全给他。要是他喜欢吃的从来不让别人碰，一点儿也不知道想着别人。"佑佑奶奶感叹道。

孩子从小缺乏感恩教育，当然不懂得感恩和分享。他从小就什么都独占，很难学会考虑别人的感受，独自占有在他的心里成了理所应当，别人去碰就是在侵占他的权利。

你在家里从小就事事让着孩子，家里的好东西全都让孩子独自享用，这实际上给他营造的是一种虚假的生存环境。孩子一旦上了幼儿园，上了小学，走向社会，会失望地发现，世界并不是以他为中心，并不是所有的人都会让着他。这时，他就会产生深深的失落感和挫败感，觉得全世界都欠他的。这样的孩子很难有感知幸福的能力，因为不管别人为他做了什么事情，他都觉得是应该的。

做好感恩教育能让孩子对别人心存感激，更珍惜所拥有的幸福生活。懂得感恩的孩子对别人更有人情味，因为他会用心去回报别人。

但是感恩教育在我们日常生活中常常流于形式，很多家长以为一声谢谢、一个小礼物就是感恩，其实不然。

上周末，我受邀去同事家做客，因为知道同事家有个8岁的孩子，就挑选了一套青少年读物作为礼物。

到了同事家，孩子正在自己的房间里玩，同事赶紧把他叫出来。看到书，孩子很高兴，说："这套《草房子》我同学也有，我看过，正好想再看一遍！"

同事说："还不快谢谢阿姨！"

孩子专心地拆包装，不理她。

"孩子喜欢就好。"我连忙说。

"这孩子就这样，不知道说谢谢，快说谢谢。快点哪，你这孩子！"

"谢谢！"可能经不住妈妈的连声催促，孩子头也不抬地说，不带任何感情色彩，说完就抱着书回自己房间去了。

"不客气。"出于礼貌，我还是对着孩子的背影回道。我自然不在乎孩子的一声"谢谢"，不过这样一声干巴巴的"谢谢"如鹦鹉学舌一般，表明孩子并未用心地去感受别人对他的爱和付出。

可是同事对此显然很满意，她觉得孩子说了"谢谢"，自己的目的就达到了，似乎孩子就真的懂得感恩了。

说"谢谢"只是感恩的一种表达方式，孩子是否真正体会到感恩的意思，不能以此为标准。感恩更应该注重孩子内心的感受和触动，是否真正意识到事情背后的深意。

幸福其实就是珍惜、感激生命中已经拥有的。不懂得感恩的孩子，拥有的东西越多越觉得空虚。因为他把注意力放在那些求而不得的东西上，觉得世界应该把更多的好东西摆在他面前。

提升孩子的幸福感并不是一味地满足孩子的各种需求，因为太容易得到反而更不珍惜，也不会有求得以后的巨大幸福感。让孩子尝试通过自己的努力去得到想要的东西，让他的要求延迟满足，这些都可以让孩子珍惜已得到的。

在孩子小的时候就开始培养他的爱心，和孩子一起感受生活中美好的事情，去感悟"感谢"背后所蕴含的深意。当一遍又一遍地重复这些之后，孩子就会养成感恩的意识，从而内化成自己的习惯。在收到别人的好意时，感恩之心才是发自内心的，同时也会懂得爱和分享，乐于去帮助身边的人。

给予孩子一定的选择权，是陪伴孩子成长最好的礼物

一直以来，我都把勤快作为完全的褒义词，直到遇到很多勤于帮助孩子做选择的父母，我才意识到，有些勤快是父母的一厢情愿，也是孩子的灾难。

韩姐是我在海边度假时认识的，她看上去有 40 多岁，但实际不过才 32 岁。我们同住的这几天，每天都看到她非常忙。

孩子已经 5 岁了，还要满饭店里追着喂饭，因为他没有吃完韩姐规定的那些蔬菜。

孩子去游乐场，她会规定孩子玩哪个玩具，原因是有些玩具有危险碰不得。

孩子刚要夹菜，韩姐立刻眼疾手快地剥好一只虾送到孩子嘴里，可孩子直接吐了出来，因为他想吃的是旁边的海带。

韩姐几乎不做别的事情，眼睛一直盯着儿子，在孩子需要做出选择的时候，立刻出现并且热衷代劳。

我问孩子想喝点什么，他看着墙上的饮料单思考，韩姐听到后说："热牛奶吧！别的小孩子都不能喝。"小孩子立刻索然无味地转身走开了。

孩子准备买几只仿真蜈蚣拿回去送给小朋友，韩姐偏让他买贝壳风铃，因为蜈蚣可能会吓到小朋友。可是孩子对妈妈的决定很不满意，他哭着说："讨厌妈妈，妈妈坏。"

韩姐不为所动，坚持付钱买了风铃，理直气壮地说："我是为了你好。"

我才发现，她将所有的精力和时间都用在了孩子身上，孩子做的一切大小事情她都要把关，帮着做选择，所以才没有时间打扮、保养自己。

我问她平时在家也这样吗？

她说："对呀，这个家里里外外的大小事情都得我把关。"

我劝她："何不适当放手，让孩子自己做选择？"

韩姐无奈地说："你以为我不想啊，可是实在放心不下，孩子太小不会判断，我不把关他准吃亏。"

像韩姐这种越俎代庖式的父母，在我们生活中太常见了。

孩子买什么衣服，父母来做主。

孩子交什么朋友，父母要过问。

孩子上什么兴趣班，父母要替他选择。

等孩子大了，上什么学校学什么专业，父母要替他决定。

孩子多大恋爱结婚，父母要操心。

孩子选择什么工作，必须听父母的。

这样做的父母看似勤快，可是他们不知道，这种没有原则、不尊重孩子意见的勤快给孩子带来的伤害是永久性的。

被剥夺选择权的孩子，性格容易形成两种极端：

一种孩子一味顺从家长的选择，失去自我判断能力，变得胆小退缩，自立意识差，凡事依赖父母，不能自己做决断。

另一种孩子被压抑太久，长大以后会叛逆，而且做事不计后果，因为他下意识地认为，父母会跟在后面保护自己，自己闯下多大的祸也有父母兜底。

孩子的能力得不到锻炼。帮助孩子做选择，剥夺了他们锻炼能力的机会，这对孩子来讲很不公平。小时候，孩子面对小的选择自己去分析判断，处事能力会随着年龄的增长而增强，长大后才有能力面对人生大事。

孩子体味不到生命的意义。有人说过："一个生命的意义就在于选择，只有不断地为自己的人生做选择，这个人才算活过。相反，假若自己的人生总是被别人选择，那么这个人可以说是白活了。"

为什么现在很多条件优越、父母又都很爱他的年轻人会有自杀的冲动？一部分原因是这一路走来，都是父母在帮他们做选择，他找不到生活的乐趣所在。

影响正常的亲子关系。对家长而言，自己付出那么多，如果孩子不优秀，就会产生心理落差。他们可能会一遍遍地说：我为你做了那么多，你就考成这样。

我什么事都给你办好了，就光让你学习，你还学不好。

我容易吗？每天为你劳心劳力……

这样的抱怨无疑增加了孩子的压力和负担，甚至厌烦，对亲子关系产生负面影响。

淹没在这种事无巨细的养育中，父母容易失去自我。

把选择权还给孩子会产生什么效果呢？

心理学家们曾经做过一项关于儿童心理学的研究实验：他们找来一些超重儿童，将他们分成 AB 两组。

在实验中，A 组儿童按照减肥专家的建议执行减肥计划，所有的减肥行动都是减肥专家，即人们心目中的权威来制订的。

B 组儿童可以根据减肥专家的建议，自由选择减肥方案，也就是说怎么减肥自己说了算。

在减肥期间，减肥专家不断提醒 B 组的孩子，他们的减肥方案是自己选择的。

三个月以后，实验人员发现，B 组自己选择减肥方案的孩子，普遍比 A 组孩子减掉了更多的体重。

所以心理学家认为，当孩子自己可以自由选择的时候，他们会最大限度地内化自己的行为，并且对自己的选择赋予更多的责任感，行动力也更加充足。

增强自制力和责任感。对自己选择的东西，他们为了证明自己是正确的，会更加努力地去达成目标，也更能规范自己的行为，因为他会潜意识里约束自己，对自己负责。

能力得到锻炼和提升。在选择的过程中，孩子的判断力、思考力都能得到锻炼和提高。选择正确或者失败的经历会成为他成长中的一笔宝贵财富，丰富他的人生体验，为以后的道路提供参考。

自主意识增强。从小就有主见的孩子，长大以后会更独立，自主意识更强，对父母和老师的依赖性弱，这样的孩子也更能在复杂的社会中生存和竞争。

更加懂得珍惜。对于自己做出选择而得到的东西，孩子会更加爱护和珍惜。因为这是自己经过思考、掂量作出的决定，用心的东西总能得到更好的爱护，选择自然也一样。

增强孩子的自信心。给孩子自由，孩子可以选择自己想要的东西，可以选择自己想玩的游戏，这对自信心的建立与发展十分重要。他们在潜意识里认定自己可以做到，他们也相信自己有能力做出正确的选择。

促进亲子关系更加融洽。剥夺孩子的选择权，孩子对父母会产生厌烦感，会不自觉地想要逃离父母的管束。适当地给孩子选择权，就是尊重孩子、相信孩子。孩子感受到父母的信任，感受到父母的爱，对父母自然亲密有加。

对于勤于帮助孩子做出选择的父母来讲，一旦孩子稍有反抗，这类家长总是会说：我是为你好……

这完全可以理解，养孩子的焦虑谁都有，但是谁都不能代替孩子成长，谁也无法给孩子提供一辈子的保护。所以我们不应该为了给孩子提供暂时的方便，阻碍了他们的长远发展。

养育孩子的过程中适当偷懒，把选择权还给孩子，这才是理智的爱。

认识到选择权对孩子的重要性。作为家长，应该从心里认识到选择权对孩子的重要性，注意征求孩子的意见。孩子心智不成熟，他们的选择也许会给你带来一些麻烦，但请你相信，这也是我们养育孩子的一种乐趣。

适时的引导必不可少。给孩子一个宽松的成长环境，尽量把对孩子的要求转化成建议，告诉孩子如果是自己会怎么做。

如果确定孩子的选择会带来不好的后果，应该给孩子分析利弊，让他知道这样做有什么好处和坏处，引导孩子做出正确的选择。但是如果孩子坚持自己的选择，要告诉他这样选择必须承受的代价。

给孩子有限的选择权。在他的小小世界里，父母确保方向正确，确保孩子安全，其他的让他去做选择，让他做自己的主宰。要给孩子设定界限，界限之内绝对自由，但是一定不能触碰底线，否则可能会让孩子以自我为中心，听不进别人的意见。

唤醒孩子的自主意识。很多孩子已经养成了听从意识强，没有自主意识的习惯，他们往往压抑自己，不表达自己的意见。作为家长，要从身边小事开始征求他们的意见，比如餐厅点菜，几点到几点完成作业等。

丰盈自己做孩子的榜样。有一句话说得好：三流的父母是保姆，二流的父母当教官，一流的父母做榜样。桃李不言，下自成蹊。如果我们想让孩子更优秀，最好的方法不是按照自己的意愿一次次地给孩子做选择，而是丰盈自己，努力成为孩子更好的榜样。

孩子的成长需要我们理智的爱，不需要我们无原则的勤快。将选择权还给孩子，也将赋予孩子的生命更多的意义。

世界正在偷偷奖励有幽默感的人

周末的时候，大家聚在婆婆家吃饭。

刚上大学的堂妹是个特别爱逗孩子的人，她陪着孩子一起做游戏。

她突然对着玩游戏的侄子做了一个鬼脸，侄子觉得好笑，也回了一个鬼脸。

正好表姐家的孩子（外甥）从屋外走进来，堂妹又对着他做了一个鬼脸。不料外甥不吃这套，他"哼"了一声，小声嘟囔道："无聊。"

堂妹装作咬牙切齿地说："你这个小孩子真是一点儿也不懂幽默！"

"小孩子家家的，懂什么幽默！大了就懂了！"表姐立刻反驳道。

果真如此吗？孩子不懂幽默，幽默感长大以后可以自动生成？

情商对于孩子成长的重要性不言而喻，但是很多人都不知道，幽默感恰恰属于情商的一部分。人的幽默感大约30%是天生的，其余70%则须靠后天培养。培养孩子幽默感的最佳时期就是孩童时期，也就是孩子性格形成的时候。

许多父母在婴儿刚刚出世才6周时便开始了他们独特的"早期幽默感训练"。比如，父母故意抱着孩子做"下坠"动作，一些孩子在体会下落感觉的同时，还会无师自通地意识到，大人是在跟自己闹着玩，小脸可能会扬起笑容。

幽默感对人的成长处世尤其重要，是叩响人际交往的敲门石，也是化解尴尬、走出窘境的梯子。

幽默感对孩子的性格养成和健康成长影响是多方面的。幽默感是孩子打开社交大门的钥匙，在社交中更是起到举足轻重的作用。人们讨厌冷漠、讨厌忧伤，但绝不会讨厌一个人所带来的欢笑。幽默风趣的孩子给人平易近人的感觉，能够更快地融入陌生的环境。

幽默感让孩子的身心发展更和谐。有幽默感的孩子在生活中不断制造欢笑，让周围的人感到轻松愉快，这也在无形之中增加了孩子的成就感，建立了自信，孩子的身心也随之得到更和谐的发展。

幽默感可以帮助孩子化解尴尬。幽默感强的孩子在与人交往的时候不容易陷入僵局，也不容易让别人难堪。他们面对尴尬的情形时，幽默感是撬动事情发展的支点，能够快速通过轻松诙谐的方式"打破"僵局。

幽默感可以淡化心中的消极情绪。钢琴家波奇有一次在福林特城举办演奏会。可是上场以后，他发现座位还有一半空着，非常失望。他立刻意识到，这种情绪十分不利于演奏，便笑着对观众说："福林特这座城市一定非常富有，我看到你们每个人都买了两三个座位的票。"观众爆笑，波奇也顺利克服了自己的消极情绪，奉献了一场完美的表演。

幽默感强的孩子更容易有幸福感。他们在交友、做事的时候比不懂幽默的孩子更受欢迎。但是现实情况是，很多家长和老师不仅对孩子的幽默无感，反而在无意中扼杀了孩子的幽默感。

记得一个朋友说，他有一次到幼儿园接儿子，看到儿子低着头不高兴，就问怎么回事儿。原来儿子在幼儿园的时候，说老师新烫的头发像方便面。老师生气地批评了他，还狠狠地瞪了他一眼，吓得孩子一整天都不敢玩、不敢说笑。

老师在面对孩子的童言童趣时，大可一笑置之，甚至借机"幽自己一默"。过于较真儿反而会让孩子陷入恐慌，再有这样的"大发现"，孩子也会有所顾虑，不敢发表自己的看法。

看看在生活中，面对这些情况，你是不是这么做的：

如果孩子画了一个彩色的地球，你非得让他按照地球仪的样子重新画。

如果孩子把饭团当作积木摆成自己喜欢的样子，你却训斥他吃饭都不正经。

如果孩子指着地上的水渍说就像一只小羊，你却连看都不看一眼……

那么在你的一次次否定和打击中，孩子的幽默感一定会消失得荡然无存。

贾平凹曾说："人可以无知，但不可无趣。"在积极心理学中，幽默感是"超越自我"的品质之一。所以我们在教育孩子时，不仅不能压抑孩子的幽默感，更应该主动引导，培养孩子成为一个真正幽默风趣的人。

幽默感看不见摸不着，到底怎么培养呢？其实培养一个有幽默感的孩子并不是件难事，在简单的生活里，处处都有灵感。

给孩子营造幽默的家庭氛围。轻松愉快的成长环境不仅会让孩子身心愉悦，也会帮助他们放松地面对生活中的各种情况。

著名作家钱锺书先生就是一个很有幽默感的人，他会趁孩子们睡觉的时候，用毛笔在孩子的脸上画胡须，让孩子醒后照镜子大笑。他会在睡觉前，在孩子的床上藏许多玩具，让孩子全部找到后才能睡觉。这种氛围里长大的孩子，更容易成为一个具有乐观积极心态的人，在未来遇到任何事，更能从容应对。

按照年龄进行"幽默感训练"。孩子小的时候，家长可以通过对孩子做鬼脸、错穿衣服、错戴眼镜等方式引孩子发笑，鼓励孩子模仿老人、模仿动物等方式释放自己的幽默感。6岁以后，通过鼓励孩子描绘身边搞笑的事、讲幽默故事等方式，丰富孩子的词汇积累和天马行空的想象力。如果孩子讲的笑话不够高雅，大人不能粗暴制止，要积极引导，让孩子明白什么是粗鲁，什么是幽默。

培养孩子的自信心。对孩子的能力予以肯定，经常夸赞鼓励孩子，让孩子相信自己"可以做到"。这样在面对尴尬的境地时，孩子越能充满自信，也越能够通过自嘲的方式化解，而不是委屈退缩，或者恼羞成怒。

借助电影、书本的幽默来感染孩子。给孩子看一些比较幽默的绘本、书籍、小品相声等，通过它们潜移默化地影响，提升孩子的幽默感。《小猪小象》《鼠小弟》系列绘本、《是谁嗯嗯在我头上》《父与子》等都是很好的选择，寓教于乐，丰富孩子的幽默感。

幽默感是一个人最出彩的人格魅力，我们培养孩子幽默感的意义并不在于幽默感本身，而是在这个过程中帮助孩子积极感悟生活，掌握与人沟通的巧妙智慧，高明地化解矛盾，让孩子在面对尴尬的时候懂得如何"给自己台阶下"。

适时让你的孩子独自面对这个社会

一群亲戚在我们家聚餐，我在卧室和妹妹说话，忽然听到妹妹的儿子祁琪哭了。原来他想和哥哥姐姐坐到一个大沙发上，但是两个大孩子显然不想和这个小不点儿玩，就把他挤下来了。

我让妹妹赶紧去看看，妹妹说不用，他得学着自己面对这种情况。我没再劝，因为我想看看一个只有 6 岁的孩子在这种情况下会有什么反应。在其他大人的劝说下，加之祁琪保证只看不捣乱，两个大孩子终于勉强同意他跟他们坐在一个沙发上。不一会儿，三个孩子就玩成了一团，显然都忘了刚才的不愉快。

祁琪的独立性强是我们大家有目共睹的，有时候他做的事情让大人感到惊讶。

有一次，他和邻居家的小女孩儿一块儿玩耍，一不小心，玩具扯到了小女孩儿的头发，小女孩儿"哇哇"大哭，几个大人怎么也劝不好。祁琪刚开始很惶恐地看着所有人，过了一会儿，他眼睛一转，拿出他最爱的遥控飞机玩起来。然后操控一只飞机不时地从小女孩儿眼前飞过。几次之后，小女孩儿再也忍不住诱惑，擦擦眼泪去找祁琪玩。一场小矛盾被祁琪成功化解了。

在这个过程中，我妹妹都没有教给祁琪应该做什么，应该怎么做。她只是默默站在他身后，等他需要自己的时候再出手。这种做法对培养孩子独立性很有好处。

培养孩子的独立性就是要这样，鼓励孩子自己去处理事情，但是你必须站在他身后，为他打气，告诉他：爸爸妈妈相信你，你一定可以。

很多孩子都是家里的独苗，父母怕自家宝贝受到伤害，总是让他在家玩耍，不与其他儿童接触，出门遇到什么困难都立即上去帮忙。对孩子过分溺爱，什么都不让孩子自己动手，饭来张口，衣来伸手，让孩子形成依赖别人的习惯。

别人不跟他一块儿玩要要大人去说，和别人吵架让大人去帮忙，吃饭穿衣稍不合心意就哭闹不止。这一招或许对爸爸妈妈、爷爷奶奶管用，但是对社会并不管用。一旦孩子以为"万事万物皆听令于我"，再想改变他的这种意识就难了。

在孩子 1~3 岁期间，独立意识开始萌芽，有意识地模仿大人的行为。比如要自己吃饭，学着大人收拾房间，自己上下楼梯不要人扶。

因为肌肉骨骼发育不完善，他们本来想帮忙反而弄得一团糟，饭洒得到处都是，垃圾扫飞了，自己穿衣服穿反了……大人就会急着阻止他们，自己去做，殊不知这样一来，就错过了孩子独立性发展的最佳时机。孩子自我探究的兴趣一旦被打破就很难再培养。

有冲突时，让孩子自己应对，培养他为人处世的能力；有困难时，告诉孩子突破口，让孩子尝试自己解决；孩子问问题的时候，引导他自主思考，而不是告诉他现成的答案；扩大孩子的交友圈子，鼓励他和更多的小朋友交往，增强他的交往能力……

不要以为事事为孩子考虑，事事帮孩子做到才是爱孩子，这种爱是一种短视的爱。在适当的时机，帮助孩子学会应有的生存技能，才是真正为孩子考虑，毕竟这个社会是很现实的。一旦走向社会，没有人会因为你是独生子女，就把唯一的工作机会让给你，反而会因为你独立性差而不让你参与重大决策的制定。

让孩子有能力在这个社会自由行走才是对孩子最好的爱，你也不想等自己六七十岁了，孩子不仅不能照顾你，甚至连自我照顾的能力都没有吧！

好好学习不是唯一的选择，却是最好的选择

今天去理发店理发，给我洗头的是一个大约十八九岁的年轻姑娘，应该是刚招来的，稚气未脱，衣着朴素，动作不熟练，也不像其他理发师那般健谈。我很好奇她为什么没有上学，便忍不住与她攀谈起来。

"你多大了呀？"

"十八。"

"不上学了吗？"

"嗯，不上了。"

"为什么呀？"

"学习不好，上学那么辛苦，不愿意上了。"

"不怕以后后悔吗？"

"不后悔，有什么好后悔的，自己赚钱自己花多好。"她有一些不耐烦，我便适时停止了谈话。

学习自然是一件辛苦的事情，特别是对学习成绩差的孩子来说，他们感受不到学习带来的乐趣，无法像成绩优异的孩子一样沉浸在学习之中。很多孩子在学习的过程中产生了不同程度的厌学情绪，不同的是，有的孩子坚持住了，有的孩子放弃了。

当他们因为学习感到烦累和痛苦的时候，如果家长不能及时激励他们，他们可能会完全脱离学习的轨道。

可是一时的轻松换来的是余生无尽的奔波与劳碌。读书或许不是人生唯一的出路，但对普通的你而言不好好读书，那一定没有好的出路。

我不禁想起了另一个孩子。

在单位附近的一个路口，常年摆着一个煎饼摊，摊主是一对40多岁的夫妇。今年暑假刚开始不久，摊主的儿子也来煎饼摊上帮忙。男孩子也就十五六岁，本以为孩子只是暑假来帮忙，等开学就回学校上学。可直到现在，那个孩子仍在摊前忙碌。我有意打听，摊主告诉我："孩子不喜欢学习，初中刚毕业说什么也不上了，不好好学还不如不上，在学校也是白浪费钱和时间，不如早早出来赚钱。"

"不上学能跟上时代的变化吗？"

"上学也不一定能找到好工作，你看看有多少大学生失业的。"

是的，谁也不能保证上学一定可以让孩子找到好工作，取得别人难以望其项背的成就。我们也必须承认，理发师、煎饼摊主都在用双手创造财富，用劳动养活自己的人都是值得尊重的。但我更希望孩子是真心喜欢这份工作，而不是简简单单地视作谋生的手段。

似乎怕我看不起，煎饼摊主接着说："你别小看我们摊煎饼的，比你们上班的赚钱都多。"我还想说什么，摊主转身去招呼别人，我只好离开。

掌握一门养活自己的手艺固然重要，可不要忘了世界是发展的，老一辈人可以守着煎饼摊过一辈子，但如果没有任何改进的话，谁也不能保证下一代人还能用这门手艺养活自己，养活一家人。

我国有句谚语说得好：富不学，富不长，穷不学，穷不尽。富有的人不努力学习上进，有可能变穷，穷苦的人逃避刻苦学习，贫穷将看不到尽头，永远伴随。

我们不和富人作比较，只能通过学习找到最适合自己的路，尽最大的努力让自己的人生更上一个台阶。

有的家长自身对学习的重要性认识不足，他们在言语中有意无意地向孩子灌输这种观点，让孩子以为，不好好学习一样可以养活自己。当孩子学习动力不足，产生厌学情绪的时候，他们不及时纠正，甚至借坡下驴，把孩子早早地推入社会。他们以为，这样可以让孩子尽快学会赚钱，殊不知因噎废食，是一种对孩子未来极不负责任的表现。

相反，也有很多家长出于对现实社会残酷竞争的畏惧，以及对孩子未来的焦虑，经常不自主地跟在孩子后面鞭策，就怕孩子在学习上比别人差一点儿，这一点在他们的想象里被无限放大。可这样做的结果往往是让孩子产生为父母而学的错误观念，从而学习动力愈加不足。

上学是为了什么？为什么说上学是最好的选择呢？这是我认为最妙的回答：孩子，我要求你读书用功，不是因为我要你跟别人比成绩，而是因为，我希望你将来能拥有选择的权利，选择有意义、有时间的工作，而不是被迫谋生。当你的工作在你心中有意义，你就有成就感。当你的工作给你时间，不剥夺你的生活，你就有尊严，而成就感和尊严能给你带来快乐。

在该认真学习、努力奋斗的时候选择逃避，在该获取知识、提升能力的时候选择享乐，那以后的人生势必会充满挫折和磨难。

村里有个人大学毕业以后选择了和他父亲一样的职业：农民。但同样是种地，他和他的父亲有本质的区别。

他的父亲是随大流，别人种玉米他种玉米，别人种小麦他也种小麦，收成始终保持着饿不死、撑不着的状态。

他经过研究市场，发现不管种植或养殖什么，都已经趋于饱和，对于一个没有经验也没有太多启动资金的农村人，贸然进入困难重重。

于是他开始寻找新的商机，正好二胎政策下来，他便打起了卖孕产妇商品的主意。

他不顾父母的反对，在邻居们不解和嘲笑的目光中，在村口租了几亩地，种了树，然后圈起来，在树下散养鸡和鹅。

他开设网店专门售卖适合孕产妇食用的老母鸡和鹅蛋，现在养殖场做得有声有色。他还利用自己掌握的电商知识帮助村里其他人开网店致富，让当初反对他的父母和嘲笑他的邻居都对他刮目相看。

上学不仅能学习书本中的知识，更能够开阔视野，博闻强识，增强学习新事物的能力和发现新商机的眼光。

所以你选择什么样的工作，选择为之奋斗一生的事业，应该是在大学毕业以后，是在经过深思熟虑以后，是在阅尽世界繁华以后，做出决定，而不是在懵懵懂懂的豆蔻年华把它当作逃避学习的一个捷径。

读书的作用和影响不可能立竿见影，这是一个不断积累的过程。如果你想被这个社会善待，就一定要在该努力的年纪刻苦钻研，这样人生的木筏才有可能驶向梦想的彼岸。

孩子的专注力不需培养，别去打扰就好

儿子正拿着一个皮球玩得很开心，婆婆拿起一个玩具汽车去逗他，他来回看了几眼玩具汽车和小皮球，扔掉皮球，拿过玩具汽车玩得不亦乐乎。

婆婆无聊，又拿起一本绘本递到儿子眼前："这个好看，我们一起看这个吧！"

我看不下去了，必须和婆婆好好谈一下，不然儿子的专注力全被破坏了。

"老妈，毛主席当年行军打仗，营帐里有很多人，吵吵嚷嚷的，怹是毛主席还可以专心看书，你知道为什么吗？"

婆婆显然有了兴致，却不知道为什么。

"因为他的专注力很强，做一件事情的时候全身心地投入，不会被别人打扰。还有陈毅，他有一次看书看得太专心了，竟然拿着饼蘸着墨汁吃了起来，吃得嘴巴都黑了。"

婆婆笑了起来。

"居里夫人小的时候做作业，哥哥姐姐们在旁边玩她也听不到，后来他们在她身后叠起了好几张凳子，只要她一动，凳子就会倒，可是凳子一直没倒，因为她太专心了。"

"居里夫人是谁？"婆婆没上过学，不知道居里夫人，我跟她说居里夫人是历史上第一个两次获得诺贝尔奖的人。

"你有没有发现，他们做一件事情的时候会全身心地投入，不会分心，不会左顾右盼？因为他们都有一种专注力。"

"嗯，是这么回事儿。专注力怎么培养啊？"

"专注力不用培养，每个孩子天生都有，只要不去打扰就好。"

"你们读书人的事，我不懂。"婆婆什么都好，就是总觉得自己没读过书，什么都不懂，容易抵制新事物。

"妈，你不用一直陪着他玩这个玩那个，只要看着他不做危险的事就可以了，不然的话他累你也累。当他在玩的时候，不要去打扰他，等他专注力牢固了，以后他在做一件事情的时候，即使旁边的人都在玩闹，他也可以一心一意地做完。"

在我和婆婆聊天儿的过程中，儿子一直拿着手里的书，自己看得很认真。

如果婆婆再拿另一个玩具给他，慢慢地，他的专注力就会被破坏得荡然无存。

陪儿子在商场的儿童乐园玩耍，因为是周末，孩子很多。我在场外等候，不久就注意到了另一个孩子，因为他一直在场内跑来跑去，但玩每一种玩具的时间不会超过三分钟。

他看到儿子玩木马，就跑过来玩木马，玩了一圈，又跑到另一边玩海洋球，没一会儿又跑开了，去和另一个孩子玩跷跷板，可是一转头，又去抢着坐秋千。他很难将注意力集中起来，当然也很难享受每一种玩具的乐趣。

如果用一句话来形容这个孩子，就是"做事三分钟热度"，做事不专注。

而另外两个孩子正好相反，应该是对姐弟。他们看着很"疯"，打闹、嬉笑不止，但是他们每次玩某种玩具的时候都很专注。每种玩具能玩十几分钟，反反复复把一种玩具玩过瘾了，才换另一种玩具，整个游乐场都飘着他们欢快的笑声。

与第一个孩子相比，这对姐弟显然更能享受到游玩的乐趣，能够全心全意地将一种玩具玩透、研究透，因为他们的注意力更加集中。

教之道，贵以专。孩子的专注力培养不起来对孩子的一生都会产生影响。

专注力涣散的孩子容易拖延、推诿，写着作业又想吃零食，吃着零食想逗逗小狗，逗着小狗又想骑自行车。这种习惯一旦形成，长大之后会在更大程度上影响生活。和别人谈话的时候拿出了手机，做着工作又想看看新闻，新闻没看完又想刷刷朋友圈。

注意力不集中的孩子好动，撕书本、转铅笔、切橡皮等，马虎粗心，一心多用，上课容易走神，不利于学习成绩的提高。他们容易被新鲜事物吸引，但是过了新鲜劲儿就很难将注意力集中到上面。抗诱惑能力和抗干扰能力差，自控能力差，不喜欢遵守规则。

孩子专注力不强往往与家长的教养方式有关。

很多家长以关心孩子的名义，在孩子学习或者玩耍的时候，一会儿递水送水果，一会儿提醒这提醒那，一会儿又指责孩子做得不好，还在孩子面前打电话、大声说话，总之一直打扰孩子，孩子的耐心被消磨殆尽，哪还能专心致志。

成人过多的、频繁的指令会让孩子无所适从，不能专注于自己手头的任务。

同样是在游乐场玩耍，有的家长把孩子放到儿童乐园里面，任由孩子自由玩耍；有的家长在场外指手画脚，不停地下命令："儿子，你玩那个滑梯！""别往那里跑，那里太高了！""这个好玩，这个毛毛虫你钻进去玩玩！"……

被频繁命令的孩子一会儿玩玩这个，一会儿玩玩那个，早已忘记自己最喜欢玩的是什么了。

孩子玩耍或学习的环境、任务的困难程度也会影响他们的专注力。

我们在破坏孩子专注力的同时，往往也限制了他们的自由。无论是打断孩子跟随自己的心意玩耍，还是过多的、频繁的指令，其实都是在强迫孩子放弃自己的意愿，跟着父母的指令走。

孩子自身具有将注意力集中到自己感兴趣的事情上的能力，而专注力又是幼儿发展的第一要务。

孩子将自己的注意力倾注在一件事情上，自主地尝试、实践，一遍又一遍地重复同样的玩法，能够最大限度地体会到这件事物的乐趣，也能保持耐心、细致、好奇。

只有培养孩子的专注力，任由孩子自主地探究事物，将注意力完全集中到自己感兴趣的事物上。能够自己不被打扰地看一本书、玩一个玩具、和朋友下棋、拼一个拼图，他才会慢慢把握事物的内在规律性，保持对事物探究的欲望和细心。

培养专注力，首当其冲的是不要打扰孩子做他喜欢做的事情。当孩子专心地玩玩具或做手工的时候，家长不要随意打扰，也不要频繁地下指令，导致孩子无所适从。当然这不包括孩子长时间看电视、玩平板。

当孩子做一件事情遇到困难的时候，适时给孩子一些启示，帮助孩子继续下去，还可以给孩子一些奖励或者一个拥抱，给孩子信心。

规定孩子完成任务的时间，培养孩子在一定时间内做好一件事情的能力。当孩子很好地完成任务之后，及时给予肯定和鼓励。

当孩子出现注意力不集中的情况时，家长不要过分着急，更不能随意指责，而是应及时找出孩子注意力不集中的原因。

如果是任务过重，应该减轻困难程度。如果是环境布置太过复杂分散了孩子的注意力，应该及时调整。

如果是孩子饿了困了或身体不适，应该让孩子及时休息。

如果是孩子注意力易分散，还可以和孩子一起做一些训练注意力的小游戏，如走迷宫、拼图、猜谜、棋类等，提升孩子的专注力。

教会孩子敬畏规则，这不是限定，而是保障

浏览新闻的时候，第一时间看到了宁波雅戈尔动物园老虎伤人事件，看到老虎撕扯着游客的画面，充满了血腥和恐怖。

一直关心该游客的安危，希望他能虎口逃生。同时，正在家庭聚会的一大家人也就该男子如何进入虎园展开了讨论。因为就网上流传的画面来看，浏览区与老虎散养区之间不仅有围栏，还有一条小河，当时正值数九寒天，应该不会是涉河而过。

令人悲痛的是，该游客虽然被救出，但还是不治身亡。在这万家团圆的日子，最悲痛的应该是他的家人，一家人再也无法团圆了。

官方发布的消息说是因为该游客为逃票翻墙进园，又无视警示标识钻过铁丝网，再爬上老虎散养区三米高的围墙进入虎园。

网友们在网上就这件事展开了激烈的讨论，有人说这事怪游客，为了逃票以身犯险，有人说这事怪动物园，围墙竟然可以让人随便就翻进去。

在笔者看来，虽然不可否认动物园的墙确实有些低，但事件最大的问题是该游客对"买票入园"这一既定的、大家都知道的规则的漠视，对规则的不尊重让他付出了生命的代价，着实令人惋惜。

规则是什么？规则就是规定出来供大家共同遵守的制度或章程。

规则不是针对个人制定的，而是对所有参与社会活动的人的要求。它在很大程度上保证社会正常运转，保障每个参与者的权利。

不守规则的人必将受到规则的惩罚，或早或晚。

走在路上要遵守交通规则，在学校里要遵守学校规则，长大了做生意要遵守生意场上的规则，生活中规则无处不在。

在超市干果区，看到一对母子走到葡萄干前面，孩子说想吃葡萄干，让妈妈给他买点。妈妈没说话，左右看看，可能是看到理货员没在旁边，便伸手抓了一把葡萄干塞进了孩子的嘴里。

我以为小男孩儿会感到害怕，可是令我吃惊的是，他竟然没有太大的反应，坦然地接受了妈妈给他塞进嘴里的食物。想来这种事情已经多次发生，这个孩子已经习惯了这种不花钱得来的食物。

跟老公说起这件事，老公说可以理解，小孩子嘛，经常看到什么都想要，家长拿一些给孩子尝一下，喜欢就买，不喜欢就不买，无可厚非。

我立刻警觉起来，问他小的时候是不是婆婆也经常这样做。果然，他吞吞吐吐地承认了，不过他辩解说这点小事应该无伤大雅吧。

在超市不付钱的东西就不是自己的，不在品尝区的东西当然不能品尝，这在我看来是自然而然的，但是老公因为受婆婆影响，却觉得这样无所谓。

我立刻思索对策，以免婆婆再用这样的教育误导儿子。因为这并不是东西多少和事情大小的问题，而是家长自身对规则认识不足的表现。

占小便宜吃大亏。家长这样做，不仅会限定孩子的格局，容易导致孩子把眼光放在占小便宜上，还会让孩子以为不守规则可以不受惩罚，从而爱钻空子，挑战规则。

规则意识，是指发自内心的、以规则为自己行动准绳的意识。

上课乱说话、随地大小便、随意插队、闯红灯等，这些不是不拘小节，而是对规则的漠视，意志力和自制力差的表现。为什么有很多人不守规则，因为不守规则可以获得守规则的人得不到的利益，比如，插队买票、闯红灯可以收获时间利益，翻墙进园可以逃票节省金钱成本，考试作弊可能获取较高的分数。

我们说不守规则会出事，虽然出事的概率并非百分之百，但是任性地去无视规则，挑战概率，却有可能将自己搭进去。在破坏规则的时候，就应该考虑可能出现的后果。闯红灯会节省几分钟，却可能丢掉性命；作弊可能提高几个名次，被发现却会受惩罚；在课堂大声喧哗可能会获得一时的心理刺激，却会被老师和同学厌弃……

以发生在我身边的一件小事为例。

单位办公楼和停车场并列而立，之间有一处绿化带相隔，绕过去有些费事。于是有些"聪明人"为了少走几步在绿化带中间走出了一条小路，这样每天上下班可以少走两三分钟。

所以每天上下班时间，单位的人兵分两路，一路人钻进小路，一路人走大路。因为个人喜好，我一直选择走大路。只有一次和办公室的同事一块儿，她有急事硬拉着我走小路，不好硬推，便钻进小路，一进入小路我立刻就后悔了，那里阴暗潮湿，虽然整个过程不到一分钟，但我是憋着气出来的，以后即使再急，宁愿快跑几步，也不愿意再踏足那条小路。

但是走小路的人越来越多，因为大家都觉得别人走小路，自己走大路就吃亏了，所以也跟着走小路。

直到有一天，同事气急败坏地走进办公室，大呼"倒霉死了"。我问她怎么了，大早上的喊倒霉。

她说在小路上踩到了大便，我这才想起上次走小路就闻到一股难闻的味道，原来是有人在那里大小便。

后来听说单位好多人"中枪"，我不禁暗暗庆幸自己没有图一时方便走小路。

从此，基本上没人再走小路了。

规则是保证社会正常运转的需要，应该从小就培养孩子的规则意识，让孩子规范自己的行为，并且善于运用规则来保护自己。

引导孩子认识规则，并将规则内化成孩子的自身准则。告诉孩子什么可以做，什么不可以做，还要警告孩子，如果不遵守规则就会被规则惩罚。可以通过读绘本、讲故事、分析案例等方式，将道理融入孩子的世界中，让他知道什么是规则以及规则的作用，让孩子从中吸取经验教训。

帮助孩子树立规则意识需要长时间潜移默化地影响。在家里制定规则，家长一定做表率，自己先做到再去要求孩子。比如，吃饭不能玩手机，不能躺着看书，不能长时间看电视。当这些规则制定以后，父母一定要做好示范，只有自己以身作则才能更好地要求孩子。不然的话，孩子也不会将规则放在眼里，规则的存在就形同虚设。

当孩子挑战规则的时候，父母一定要表明立场，表达自己的观点，坚持原则。不能因为孩子的任性撒野而妥协，不然妥协一次，就有可能引发孩子的侥幸心理，让孩子觉得父母不是那么坚决，事事有机可乘。比如，当孩子晚上看电视太晚不睡觉的时候，父母应该坚持关掉电视，让孩子上床睡觉，不管孩子哭闹还是别人求情，都不能让步。

孩子遵守规则的时候，父母应该肯定孩子的行为并给予表扬。当然，如果孩子触犯了规则，则要给予一定的处罚。但是注意在批评处罚孩子的时候，不能带有情绪和偏见，要就事论事，不能因为一件事情而全盘否定孩子，更不能给孩子定性、贴标签。

教育孩子遵守规则与保护孩子的天性并不相违背。遵守规则是对孩子自由的一种保障，让孩子明白自由的边界在哪里。所以在孩子的成长道路上，家长一定要告诉孩子什么可以做、什么不可以做。

如果孩子疑惑为什么别人可以不遵守规则，自己却必须遵守规则，父母应该郑重地告诉孩子，不遵守规则肯定会受到惩罚，有可能早一天，有可能晚一天。我们必须保证自己的安全，对自己负责任。

保护孩子的探索欲、自主意识是在规则以内给孩子最大的自由。不要觉得孩子还小，等他长大了自然就懂了，这是对孩子不负责任的表现。太自由散漫只会导致孩子长大以后觉得处处受束缚，无法适应社会生活，而规则意识强的孩子能最大限度地享受自由。

走心的陪伴才是孩子成长的安全带

　　我和老公带着儿子逛商场，在女装区看到一个两三岁的小女孩儿正对着镜子站着，原以为她在照镜子玩，走近以后才发现她竟然对着镜子哭泣。往旁边看看，几个大人正围着一个试衣服的女人评论，没有人注意到哭泣的女孩。

　　我连忙问道："这是谁家小女孩儿呀，哭了！"

　　"甜甜，到妈妈这儿来！"试衣服的女人抬头看看我，望着小女孩喊了一句。

　　小女孩儿似乎没听到，还是看着镜子哭。

　　"她可能看着镜子害怕了，你还不快点把她抱走。"看那女人的心思还在衣服上，我气呼呼地说。老公嫌弃我多管闲事，拉着我便走。那个女人也过来抱起了小女孩儿，一直没理我，可能也觉得我多管闲事，或者把我当成了怪人。

　　我还是很气愤，怎么有这样的家长，一点儿都不负责任，只顾着自己买衣服，将孩子自己放在旁边不说，还一点儿也不明白孩子的心思。

　　孩子对着镜子看到一个现实社会的反射，因为看得到却摸不到，所以心生惧意。做父母的却丝毫不注意孩子的情绪变化，只顾着忙自己的事情，这绝对是对孩子不负责任的表现。

　　菜市场的最里面是一个卖活鸡活鱼的摊子，买家挑中哪个，卖家就现场处理，为的是买得放心。我比较心软，若是看着人家处理活物，那活物临死前的眼神会一直在我脑海里浮现，吃的时候根本不敢下嘴，所以买这些东西都是老公的任务。

　　有时路过菜场，竟然经常看到一些家长抱着三四岁懵懵懂懂的孩童在那里站着。

临死前的鸡鱼垂死挣扎或者做最后的吼叫，孩子一脸茫然，甚至有些惊恐地看着这血腥的场面，可是家长根本没有认识到这种儿童不宜的场面会给孩子造成的负面心理影响，心思完全被眼前即将成为美食的鸡鱼占据。

我看到小孩子的小手紧紧抓住父母的衣服，心里必然是很紧张、很害怕的。孩子纯真的心灵显然还不足以承受这种血腥的杀戮场面。

有朋友对我这种观点很不理解，因为他认为孩子就应该什么场面都经历，这样才可以锻炼胆量，而且这也是一种生存技能，没必要这么"玻璃心"。

如果我们要把杀鸡杀鱼等作为一种生存技能来教给孩子的话，应该等孩子稍微大一些再慢慢让他去接触。两三岁的孩子毕竟太小了，孩子如果因此而产生心理阴影，有可能以后对于处理活物都会产生恐惧心理。

而且我们平时经常对孩子进行爱护小动物的教育，却带孩子"参观"宰杀鸡鱼的现场，这种自相矛盾的做法也容易让孩子产生疑问，不利于孩子健康成长。

责任心强的父母应该有意识地带孩子远离这种血腥暴力的场面，同时等孩子长大以后，比如到了初中、高中再引领孩子慢慢接受这些事情。

我们单元一楼住的一家人是拆迁户，后面的楼上还有一处住房。他们家有两个女孩儿，一个6岁，一个2岁。

一天我上班，走到一楼的时候，看到他家2岁的小女孩儿正往楼下走，旁边没有大人看护。我深感奇怪，便问她："你奶奶呢？"平时都是孩子奶奶照看她。

她看看我，没说话，继续往下走。我又问："你去哪里呀？"

"我要去找奶奶！"

原来奶奶不在家。"奶奶是不是在后面家里呀？那妈妈呢？"

"妈妈在家！"

我赶紧跑上楼去敲门，开门的是小女孩的妈妈。

"怎么了？"我们平日并无太多来往，所以她看到我应该感到很奇怪。

"你闺女跑出来了，说要去找她奶奶。"

她大吃一惊，赶紧跑出来抱起孩子说："好不容易今天在家陪孩子，刚才她在客厅玩耍，我去阳台接电话，听到门响还以为是孩子奶奶来了，原来是孩子自己跑出来了。"

　　她说很庆幸孩子遇见的是我，如果孩子走出小区呢？如果遇见的是一个人贩子呢？然后对孩子一顿训斥。

　　我很无奈，孩子自己走出家门固然不对，但是作为孩子的妈妈，后知后觉显然责任更大。

　　陪伴孩子应该确保孩子在自己的视野范围内，最起码在听到门响的时候，应该立刻看一下是有人进来还是孩子出去，以确认孩子的安全，这样才叫真正的陪伴孩子。

　　想起来之前的一则新闻，一位妈妈在低头玩手机的时候，2岁多的儿子在旁边玩耍，被一辆刚从车位开出来的车碾压身亡。还有一位妈妈带孩子到温泉玩耍，在低头玩手机的时候，儿子不幸溺亡。

　　可怜的孩子们，生命之花尚未绽放却已经枯萎。虽然责任并不能全归咎于玩手机这一行为，但不可否认的是，做父母的显然缺乏责任心，在照顾孩子的时候心思却在别处。

　　随着智能手机的逐渐普及，低头族在生活中越来越常见。带孩子的时候无聊的父母也常常一边看娃，一边刷手机。这样一心二用，不仅不利于亲密亲子关系的建立，而且孩子耳濡目染，也容易沉溺于电子产品，影响学习成绩和用眼健康。更严重的是，父母很难第一时间发现孩子身边的危险，一旦发生事故，悔之晚矣。

　　不主张父母看孩子的时候玩手机，似乎是在限制个人自由，但是在追求个人自由的同时，更应该有责任心和奉献精神，因为事事追求个人自由最容易忽略孩子的安全。

　　为人父母不易，担子很重，孩子的吃喝拉撒睡，事事要操心。但是既然选择把孩子带到这个世界上，我们就要有责任心。不要把孩子扔给父母、保姆就放任不管，更不能在看管孩子的时候心不在焉。

莫言曾经说过一句话：文化水平不高，但是用心，一样能成为好父母。

我们做父母的本身没有好坏，但有的父母用心，有的父母不用心，父母的好坏与文化水平无关，与是否用心有关。这就可以理解为什么很多文盲父母可以教育出优秀的孩子，因为他们虽然在文化知识上匮乏，但是养育孩子时显然有很多别人没有的长处。

为人父母的都明白，陪伴是对孩子最好的爱。但是心不在焉、吊儿郎当的陪伴显然是无益的，还有可能将孩子置于不安全的境地。不是坐在孩子身边、和孩子共处一室就是陪伴，也不是和孩子在一起的时间长、和孩子在一起的次数多就是用心陪伴，陪伴孩子应该注重质量而不是数量。

短时间的高质量陪伴远比长时间的敷衍了事更有价值。特别是全职的爸爸妈妈，下了班回到家，和孩子认认真真地相处一小时就能在很大程度上促使亲子关系更加和谐。

用心陪伴要认真回应孩子。当孩子提出问题或者做出什么举动的时候，家长应该积极回应。即使孩子的行为很幼稚，也应该认真对待，而不是冷落不理。

用心陪伴要关注孩子情绪。孩子的成长过程没有太多轰轰烈烈的大事情，更多的是小细节、小变化，这些小事情更容易让父母了解自己的孩子，走进孩子的内心。

用心陪伴要走心但别太用力。用心陪伴不是对孩子颐指气使，更不是事事强硬、唠叨不停、指责不已，而是要尊重孩子的意愿、给孩子适度的自由空间的同时，确保孩子安全。

陪伴孩子的同时，其实孩子也在陪伴我们。用心陪伴可以帮助孩子养成良好的行为习惯，还会使孩子形成健全的人格，同时父母也可以得到成长，成为更好的自己。

结 语

历添新岁月，春满旧山河。

人与人，各自有各自的生活，各自的悲喜各自的体会，孤独才是从一而终的。就像《百年孤独》里所说："孤独是一个陪伴人一生的伙伴，是一个既定事实，与其否认，与其抗争，与其无谓逃避，不如接受它，拥挤的人群让它保护你回家，周六的上午，让它陪伴你吃早餐，整理阳光。"那么，如何走出人生，特别是老年的孤独，也将是每个人终将面临的问题。

对于衰老所带来的身体变化，以及由此产生的影响，每个人都应该做好充分的思想准备，这是不可抗力，就像新冠疫情对全球所造成的影响一样，无一人能幸免。

伏尔泰说过："人生布满了荆棘，我所晓得的唯一办法是从那些荆棘上面迅速踏过。我们对于自己所遭遇的不幸想得越多，它们对我们的伤害力越大。"

疫情暴发一年多了，面对巨大的灾害和诗人与家人逐步年老体弱的现状，加之儿孙又远在万里之外疫情严重的国度，实在感到忧心。也就是在这一年多的时间里，诗人要走遍世界的梦想被强迫按下了暂停键。怎么办呢？脚步到不了的地方，眼睛可以到达。诗人认真阅读了《莎士比亚全集》《百年孤独》，并据此创作出了23首七律诗、4首绝句、1首词。也会从身边人和事、新闻报道中就地取材，不受限制即兴创作。学习、探索、写作、抒情寄意，成为一项每天都自觉要做的其乐无穷的事情，很多时候欲罢不能，真的到了废寝忘食的境界。

退休后，诗人在学习创作的过程中，不断加深对古诗词以及近体诗、现代自由诗的理解，对于古人的诗作以及处境也有了更深的理解，这对消解老年人的孤独感，有意义地过好黄昏阶段的生活具有积极作用。诗人既能理解杜甫晚年贫困潦倒的悲哀，又不同意他"艰难苦恨繁霜鬓，潦倒新停浊酒杯"的状态；既能理解李商隐"夕阳无限好，只是近黄昏"的叹息，又不认同他面对黄昏的无奈；既能理解革命前辈叶帅"老夫喜作黄昏颂，满目青山夕照明"的情怀，但又坦承无法达到他的境界。

通过比较，诗人更倾向于学习杜牧"停车坐爱枫林晚，霜叶红于二月花"的清逸，更愿意接受朱自清"但得夕阳无限好，何需惆怅近黄昏"的说法；在心底，诗人非常愿意效仿龚自珍做到"落红不是无情物，化作春泥更护花"，希望在"蜡炬成灰"之前，抓紧做点什么，不为名利，不为财富，只为心中所想、心中所愿。这就是诗人特意花时间写《新编"三字经"100句》的原因。诗人的心，诗作的意义，写诗的快乐，大概就是如此了。

诗之所以被称为诗，是因为它是用诗意的语言呈现出来的，是诗人内心世界最真实的反映。为什么要写诗？因为人们需要用文学艺术来表达客观世界和主观感情，生活需要诗的装点和美化。

曾经在知乎里看到过这样一段话：

"说到底，人总是要死的。我们害怕这个命定的结果，所以总要去寻求一些永恒的东西，来证明自己的存在。仙法、魔药、轮回、天堂、艺术、科学……人类幻想了很多可能性，其中一种就是艺术——这是通往不朽之路。而且，这个世界有很多的不如意，艺术则能抚慰人们受伤的心灵。诗歌作为艺术的一种，具有纯粹的美和让人迷醉的力量，自然会'引无数英雄竞折腰'了。"

王尔德说："我们都生活在阴沟里，但仍有人仰望星空。"

人生与诗，大抵如是。而对人生意义的理解越通透，就越能感觉到人生的幸福和美满，心灵永远也不会孤单。

闲评人：王宗营